Guia de
Viagem
Paraíso

Anthony DeStefano

Guia de Viagem Paraíso

Tradução de
OLIVEIRA JR.

NOVA ERA

Rio de Janeiro
2004

CIP-Brasil. Catalogação-na-fonte
Sindicato Nacional dos Editores de Livros, RJ.

D491g DeStefano, Anthony
Guia de viagem: paraíso: um roteiro de diversão ilimitada / Anthony DeStefano; tradução de Oliveira Jr. – Rio de Janeiro: Record: Nova Era, 2004.

Tradução de: A travel guide to heaven
Inclui bibliografia
ISBN 85-01-06759-8

1. Céu – Cristianismo. I. Título.

04-1946
CDD – 236.24
CDU – 236.6

Título original norte-americano
A TRAVEL GUIDE TO HEAVEN

Copyright © 2003 by Anthony DeStefano

Todos os direitos reservados. Proibida a reprodução, no todo ou em parte, sem autorização por escrito da editora, sejam quais forem os meios empregados.

Direitos exclusivos de publicação em língua portuguesa para o Brasil adquiridos pela
DISTRIBUIDORA RECORD DE SERVIÇOS DE IMPRENSA S.A.
Rua Argentina 171 – Rio de Janeiro, RJ – 20921-380 – Tel.: 2585-2000
que se reserva a propriedade literária desta tradução

Impresso no Brasil

ISBN 85-01-06759-8

PEDIDOS PELO REEMBOLSO POSTAL
Caixa Postal 23.052
Rio de Janeiro, RJ – 20922-970

EDITORA AFILIADA

*Este livro é para a
minha mãe e o meu pai*

Itinerário

Um aviso especial antes de nosso embarque 9

                Paraíso: plano de vôo 11
CAPÍTULO 1   Bem-vindo ao paraíso! 17
CAPÍTULO 2   Acomodações luxuosas: o seu novo corpo 25
CAPÍTULO 3   Nosso destino final 39
CAPÍTULO 4   Nossos companheiros de viagem 53
CAPÍTULO 5   Até que a morte nos separe? 63
CAPÍTULO 6   É permitida a entrada de cães? 75
CAPÍTULO 7   Nossos guias turísticos 85
CAPÍTULO 8   Descanse em paz? NÃO! 97
CAPÍTULO 9   As férias que nunca terminam 111
CAPÍTULO 10 O ponto alto da viagem 121
CAPÍTULO 11 Uma transformação celestial 137
CAPÍTULO 12 Sua passagem para o paraíso 149
                Arrivederci! 161

Notas das escrituras 165
Sugestões de livros para sua bagagem 171
Agradecimentos 175
Sobre o autor 179

Um aviso especial
antes de nosso embarque

Todos os passageiros viajando hoje para o nosso destino final foram premiados com uma milhagem infinita de vôo, e portanto serão transferidos automaticamente para a primeira classe. Como o vôo está lotado, pedimos que deixem os seguintes pertences no portão de embarque: *melancolia, irritação, cinismo, pessimismo, soberba, cerimônia, egoísmo* e *preconceito contra Deus ou religião*.

Os pertences serão devolvidos quando retornarem... se os senhores e as senhoras assim desejarem.

Paraíso ↑

Plano de vôo

Ao longo dos séculos milhares de livros foram escritos sobre o paraíso: grandes tratados em teologia, ensaios brilhantes, lindos poemas. Escritores religiosos e leigos de todas as áreas profissionais tentaram descrever e explicar este conceito tão evasivo. E mesmo assim, embora todos esses esforços tenham contribuído para o nosso entendimento do paraíso, a maioria careceu de um ingrediente principal: diversão.

Porque se existe uma palavra para definir o paraíso, é diversão.[1] O paraíso é um lugar de prazeres ilimitados, felicidade ilimitada, alegria ilimitada. Pense nisso por um segundo e considere que conceito irreverente ele é. E como ninguém vê o paraíso como um lugar divertido, pouquíssimas pessoas estão ansiosas por conhecê-lo. Na verdade, pouquíssimas pessoas pensam sobre ele.

Em parte, isso se deve à dificuldade de imaginar o paraíso. Com todos os problemas e sofrimentos em nossas vidas, relutamos em aceitar a existência de um lugar onde não existe dor, maldade, decepções ou morte.[2]

Outro motivo é simplesmente que ouvimos falar tanto sobre o paraíso desde a infância que a idéia ficou um pouco desgastada. A familiaridade nem sempre gera desprezo, mas sempre produz tédio.

Vários anos atrás, compareci a quinze funerais num intervalo de sete meses. Foi apenas um desses anos terrivelmente trágicos que às vezes acontecem nas vidas das pessoas. Lembro dos padres e pastores que presidiram todas as cerimônias fúnebres dando o melhor de si para consolar os familiares e amigos. As palavras que proferiam sobre a vida após a morte foram realmente bonitas e esperançosas, mas não sei com certeza se aliviaram o peso nos corações dos amigos e parentes dos falecidos.

Não culpei os padres e os pastores por esse fracasso. Eles fizeram exatamente o que deviam fazer: proclamar o Evangelho. Mas, infelizmente, para muitas pessoas as *boas notícias* pregadas por Jesus Cristo sobre o Reino dos Céus viraram *notícias velhas*. As pessoas de hoje em dia parecem mais propensas a acreditar em ciganas quiromantes e em médiuns de televisão que conduzem sessões espíritas para conjurar os mortos! Em nossa ansiedade por acreditar que os relacionamentos humanos continuam depois da morte, muitos de nós esquecemos uma verdade simples: todas as respostas que poderíamos querer sobre a vida depois da morte estão bem debaixo dos nossos narizes... e têm estado por dois mil anos.

No caso do paraíso, as "notícias velhas" do cristianismo tradicional são infinitamente mais empolgantes, interessantes, espiritualmente elevadoras e divertidas do que qualquer coisa explicada por médiuns televisivos ou gurus da "nova era".

Guia de Viagem: Paraíso

Você sabe onde pode encontrar as descrições mais exatas do paraíso? Na seção de religião para crianças de uma livraria. Folheie as páginas de qualquer livro infantil sobre o paraíso e verá ilustrações coloridas cheias de arco-íris, animais exóticos, cidades douradas e pessoas brincando e rindo. Embora esses livros possam não explicar o mistério sublime e profundo do paraíso, indubitavelmente são os livros mais *verdadeiros*, porque apenas eles transmitem a atmosfera de diversão do lugar.

C. S. Lewis disse que a questão mais séria no paraíso é a alegria. Em meio a todas essas discussões esotéricas e teológicas, e entre toda a confusão da espiritualidade "pop" do século XXI, ocasionalmente esquecemos essa idéia poderosa. Acho que é hora de recordarmos a nós mesmos. E é por isso que quero fazer uma abordagem diferente neste livro.

Eu *adoro* viajar. Adoro pesquisar, planejar, e até mesmo fazer as malas, antes de uma viagem. Desde que consigo lembrar, fui abençoado com o desejo de viajar e o amor pela aventura. Por quase duas décadas, tive o privilégio de viajar pelo mundo inteiro em meu trabalho. Uma das coisas de que mais gosto é ler diversos guias de viagens sobre os lugares que vou visitar. Esses livros não são apenas divertidos, como também valiosos. Afinal de contas, quando chegamos pela primeira vez a um país estrangeiro, não sabemos exatamente o que esperar. Precisamos estar preparados para encontrar costumes estranhos, linguagens estranhas, e até pessoas estranhas. Mesmo se não nos prepararmos adequadamente, ainda poderemos nos divertir. Mas com toda certeza será útil termos um mapa do terreno e um conhecimento prévio a respeito do lugar para o qual estamos indo.

Bem, se temos uma certeza a respeito do paraíso, é que ele é um *lugar*.[3] Sim, estou ciente de todas as especulações de que paraíso é na verdade apenas um "estado mental", e que devemos nos concentrar em "viver" o paraíso "aqui e agora". Mas não é isso que a Bíblia nos diz nem o que os teólogos cristãos ensinam há dois milênios. A única verdade consistente e universal sobre o paraíso desde o início do cristianismo é que ele é um lugar. Um lugar real e físico.

É por isso que não precisamos de outro tratado filosófico ou teológico sobre o paraíso. Já foram escritos muitos livros assim. O que precisamos para obter uma compreensão do paraíso não é conhecimento acadêmico, nem mesmo uma iluminação espiritual. O que precisamos é de um gosto por viajar! Precisamos ver esse velho lugar de uma forma absolutamente nova. Em outras palavras, precisamos de um guia de viagem. E este é o objetivo deste livro.

Algumas pessoas podem objetar contra a comparação do paraíso com um ponto turístico, argumentando que isso "banaliza" um assunto profundamente importante. Mas o próprio Cristo fez amplo uso de metáforas de viagens nas parábolas que contou. Para ser mais preciso, o Novo Testamento está cheio de pessoas viajando pela antiga Palestina, indo de cidade em cidade apoiadas em seus cajados, procurando por ovelhas desgarradas, viajando em lombos de burro por estradas poeirentas e velejando no mar da Galiléia. Tudo que fizemos aqui foi substituir esses antigos modos de viajar por novos; estamos trocando as carroças por aviões a jato e os barcos pesqueiros por navios de cruzeiro!

Você talvez esperasse que um livro sobre o paraíso fosse escrito por um clérigo ou um teólogo profissional. Não sou nem uma coisa nem outra — mas isso pode ser exatamente o que precisamos para os nossos propósitos. Às vezes a melhor forma de obter uma perspectiva nova sobre um assunto é dar alguns passos para trás e olhar para ele de fora. Como um leigo dedicado e crente, acredito que estou perto o bastante para prover uma apresentação precisa do ensinamento cristão sobre o paraíso, e ao mesmo tempo longe o bastante para não soterrar você com um excesso de teologia "formal".

Ainda assim, quero assegurar que nada do que lerá aqui contraria as tradições bíblicas e os ensinamentos cristãos sobre o paraíso. Embora meus antecedentes sejam católicos, esforcei-me ao máximo para fazer este trabalho se comunicar com todos os cristãos. Claro que não existe forma de agradar a todo mundo o tempo inteiro, e obviamente haverá um pouco de especulação e imaginação num livro sobre o paraíso. Mas isso é inevitável. Afinal de contas, não há ninguém no mundo hoje que tenha estado no paraíso e retornado. Mas pode ter certeza de que nada do que se segue a respeito do paraíso contradiz as crenças e ensinamentos principais mais aceitos por *todas* as igrejas cristãs. Se quiser, dê uma olhada nas referências bibliográficas e bíblicas no final deste livro para conhecer as obras que foram consultadas. Não estou inventando nada neste livro. Mas, correndo o risco de novamente soar jovial demais sobre um assunto tão sublime e sério, tentarei injetar um pouco de diversão no debate!

E por que não? O paraíso é dinâmico. Ele transborda de empolgação e ação.[4] É o melhor parque de diversões criado para o nosso prazer por alguém que sabe o que significa prazer, porque Ele o inventou. É a Disneylândia, Havaí, Paris, Roma e Nova York, todos juntos num só pacote.

E é *eterno*.[5] Estar no paraíso é gozar de férias que nunca terminam.

Portanto, por algumas horas, esqueça qualquer noção difícil de entender e preconcebida que tenha sobre esse lugar estranho e mágico sobre o qual ouvimos falar desde nossa infância. Permita-me guiá-lo numa pequena excursão até lá. Aperte os cintos e se prepare para a viagem da sua vida.

E não precisa fazer as malas — nem mesmo levar uma escova de dentes — porque esta é uma estância de férias em que tudo *realmente* está incluído.

CAPÍTULO 1

Bem-vindo ao paraíso!

Quando você pergunta às pessoas como elas pensam que o paraíso vai ser, a maioria não consegue encontrar uma resposta clara. Em vez de lhe dar uma resposta direta, geralmente adornam suas definições com uma variedade de adjetivos. Esses quase sempre incluem palavras como *enevoado, difuso, branco* e *onírico*. Às vezes as pessoas dizem que imaginam o paraíso como sendo infundido com "uma luz incrivelmente intensa". Qualquer que seja a forma como você imagina o paraíso, aposto que uma das primeiras palavras que lhe vêm à mente seja *espiritual*.

Quando nos permitimos descrever o paraíso de uma forma material, costumamos pensar em anjos ou santos andando de um lado para o outro usando mantos brancos e compridos enquanto corais cantam ao fundo. A única atividade que imaginamos sendo realizada por esses seres estranhos é a adoração infinita a algum Deus invisível que é tão enevoado e indefinido quanto o próprio paraíso.

E depois não entendemos por que ninguém está ansioso em viajar para esse lugar!

Bem, a primeira coisa a fazer antes de começarmos nossa viagem é apagar de nossas mentes a imagem de mantos e corais. Muitos de nós nutrimos sobre o paraíso uma concepção imensamente equivocada que limita nossa capacidade de imaginá-lo e desejá-lo. Parte do motivo é que a indústria do entretenimento nos programou para visualizar o paraíso de forma caricata, com nuvens, harpas, auréolas e coisas assim. Mas os verdadeiros culpados foram os poetas. Através dos séculos, os poetas tentaram capturar a alegria e o êxtase do paraíso descrevendo-nos uma fartura de imagens "etéreas". Essas imagens, embora projetadas para enlevar nossas almas e brindar-nos com um lampejo da natureza transcendente do paraíso, freqüentemente surtem o efeito oposto: deixam-nos desinteressados e entediados.

Entendam, não estou desmerecendo os poetas. Eles apenas fizeram com o paraíso o que fazem com todos os seus temas: reduzi-los à sua verdade essencial. Mas nesta nossa época cínica, céptica e prática, não necessariamente queremos a verdade essencial. Já sabemos que o paraíso é o "céu" e que vamos experimentar uma "alegria absoluta" quando chegarmos lá. O que queremos desesperadamente saber são os detalhes! Queremos saber *como* vamos ser felizes lá!

Quer entender o paraíso melhor do que em toda a sua vida? Quer ter uma experiência verdadeira do paraíso, neste exato segundo? Pode fazer isso sem precisar largar o livro. Simplesmente tente este experimento: Dobre a pontinha desta folha. Ouça atentamente o som que ela faz. Em seguida, segure a cadeira na qual está sentado e a aperte. Sinta o quanto é dura. Depois respire profundamente e permita que seus pulmões se encham com ar. Sinta os odores do aposento no qual está. Finalmente, olhe ao redor e veja todas as diversas formas e cores dos objetos que estão diante de você.

Vou lhe contar um segredo: o paraíso vai ser assim. O paraíso é *físico*.

Não me entenda errado. O paraíso não é *inteiramente* físico. O paraíso é muitíssimo diferente do cômodo no qual você está agora. Se não fosse diferente, não valeria a pena viajar até lá. Mas precisamos começar com o básico. Antes de conversarmos sobre todos os aspectos transcendentes e espirituais do lugar, precisamos compreender, de uma vez por todas, esta verdade fundamental: O paraíso não é apenas espiritual, mas também material.

Se as grandes religiões monoteístas do mundo — judaísmo, cristianismo e islamismo — nos ensinaram alguma coisa, foi que Deus é um Deus da *criação*.[1] Ele adora fazer coisas. Do início ao fim da Bíblia, Deus esteve ocupado criando todos os tipos de objetos maravilhosos: galáxias, estrelas, planetas, oceanos, desfiladeiros, florestas, animais, peixes, seres humanos. Diga qualquer coisa, e Ele a criou. E Deus sempre está ocupado usando essas coisas para concretizar sua vontade. Muito raramente Ele estala os dedos e faz alguma coisa aparecer do nada. Deus geralmente emprega a ajuda de uma de suas criações para gerar a mudança ou o efeito que deseja. Em outras palavras, Deus costuma empregar meios físicos para alcançar seus objetivos.

Agora, você realmente acredita que Deus vai abandonar seu amor pela criação e seu amor pelo físico, só porque este nosso mundinho vai acabar? Você acha que depois de tudo que fez durante o curso da História, Deus vai fazer do paraíso uma terra dos sonhos enevoada e difusa? Claro que não. Não é assim que Ele trabalha. Não é isso o que a Bíblia ou o cristianismo nos ensinam.

Enquanto os teólogos cristãos certamente usaram linguagem poética para expor os aspectos espirituais do paraíso, durante dois milênios eles insistiram em que o paraíso também terá características físicas. De fato, exatamente como os pontos turísticos exóticos aqui na Terra, o paraíso terá seu próprio clima, suas paisagens, sua população. O próprio Cristo usou imagens muito físicas para descrever o paraíso. Ele disse, por exemplo, que na "casa" do Pai há muitos "palácios", e que ele estava indo para lá para preparar um "lugar" para nós.[2] No Apocalipse de João, esse ponto é ressaltado de novo. Embora as descrições bíblicas do paraíso façam amplo uso tanto de imagens literais quanto simbólicas — completas com ruas de ouro, pilares feitos com pérolas e muros adornados com jóias — não há dúvida de que o paraíso será muito *tangível*. Ele será uma localidade visível, composta por estruturas e materiais visíveis, com dimensões e distâncias reais.[3]

Por algum motivo, esta verdade não é aceita pela maioria das pessoas. Ainda assim, é absolutamente essencial que todos nós a absorvamos. Peço que, se não aproveitarem mais nada deste livro, ao menos aceitem esta crença cristã fundamental: embora o paraíso seja uma realidade espiritual, ele também é um *lugar*. Ele é real e é físico. De alguma forma misteriosa, seremos capazes de *tocar* suas superfícies, *sentir* seus aromas, *ouvir* seus sons e *ver* suas formas. Isso significa que a vida que vamos levar lá — a despeito de sua qualidade espiritual transcendente — será muito mais parecida com a vida que estamos levando agora do que a maioria de nós já imaginou.

Mas e quanto ao meu tio que faleceu no ano passado? E quanto aos meus avós que morreram quando eu era criança? E quanto a todas as pessoas boas e santas que morreram em toda a História? Elas estão experimentando o paraíso como um lugar físico neste exato momento?

A resposta a essas perguntas é: não, *ainda não*. E antes de avançarmos mais, é importante explicar o motivo.

Existem duas formas fundamentais de usar a palavra *paraíso*. Quando alguém que amamos morre, costumamos dizer que essa pessoa "agora está no paraíso" ou "foi para o céu". E é claro que isso pode ser verdade. O paraíso não é apenas uma região do futuro. O paraíso existe *agora*. Paraíso é a palavra que usamos para descrever o lugar onde Deus se encontra neste exato segundo.[4] Se nossos amigos e parentes que morreram antes de nós foram julgados por Deus como merecedores de entrar no paraíso, é perfeitamente exato dizer que eles estão *no paraíso*. Enquanto está lendo estas palavras, a sua avó, o seu pai, a sua tia, ou qualquer outra pessoa amada que morreu, pode estar experimentando a felicidade incrível de viver com Deus. Mas embora isto seja verdadeiro em seu sentido mais profundo, também é verdadeiro — conforme Agostinho, Aquino e todos os grandes teólogos escatológicos disseram — que eles não estão experimentando o paraíso no *nível mais pleno possível*.

Isso porque os seres humanos são compostos tanto de corpos quanto de almas. Quando morremos, as duas coisas são separadas — temporariamente. O cristianismo sempre nos ensinou que no dia do Juízo Final — o fim do mundo — todos aqueles que morreram irão se levantar dos túmulos, da mesma forma como Cristo fez.[5] Nesse momento, nossos corpos e almas irão se reunir para jamais se separarem de novo. Porém, até que isso ocorra, haverá um período de espera — um período de tempo antes de reavermos nossos corpos físicos.

Durante essa fase intermediária, não poderemos desfrutar de *todos* os prazeres do paraíso. O motivo, conforme já dissemos, é que o paraíso, no fim, será tanto físico quanto espiritual — e você precisa de um corpo físico para apreciar plenamente um ambiente físico. Podemos dizer que o paraíso é como um hotel cinco estrelas. Logo depois que morremos, somos acomodados numa linda suíte na qual podemos desfrutar de muitas amenidades que tornam a nossa estada maravilhosa. Porém, mais adiante — quando estivermos inteiros novamente — seremos convidados para a cobertura deslumbrante, e poderemos experimentar todos os prazeres sensoriais novos e empolgantes que a estância inteira tem a nos oferecer.

Infelizmente, precisamos aguardar até a ressurreição para que essa "reunião" de corpo e espírito aconteça. Quanto durará essa espera? Só Deus sabe a resposta. Podem ser séculos, podem ser algumas horas. Também não podemos nos aventurar a adivinhar como iremos *sentir* a espera. Depois que nossas almas forem separadas dos nossos corpos, estaremos separados do tempo e do espaço. Se a sua mãe morreu cinqüenta anos atrás, não temos como saber se a alma dela sentiu a passagem do tempo da mesma forma que você. Quem pode dizer com certeza que cinqüenta anos de "tempo terrestre" será o mesmo que cinqüenta anos de "tempo celestial"? Pode não ser. Pode, inclusive, parecer um tempo bem mais curto. Como São Pedro disse, com Deus, "um dia é como mil anos, e mil anos é como um dia".[6]

E ainda assim, esse período intermediário assusta muita gente. Pode ser aterrorizante imaginarmos a morte como escuridão e silêncio. O que costumamos esquecer é que *temos* uma coisa com que comparar a experiência.

Todo mundo conhece a *sensação* de estar separado do corpo, porque todo mundo sabe como é *sonhar*. Pense nisso por um momento. Quando está dormindo na cama, com seu corpo imóvel, na sua mente você pode estar a mil quilômetros de distância, velejando, flutuando no ar, rindo com os amigos, divertindo-se a valer. Às vezes, um pouco antes de acordar, pode até perceber que está sonhando. Você pode notar que está na cama e que aquilo que vê em sua mente faz parte de um mundo de fantasia.

Entretanto, a despeito desse conhecimento, as cores que está vendo são tão vivas, os sons que escuta são tão claros, as emoções que sente são tão genuínas quanto se você estivesse no mundo real. E o melhor de tudo, o *você* que está vivendo no sonho é o verdadeiro você.

Às vezes esses delírios noturnos são tão agradáveis que experimentamos uma sensação extraordinária de decepção quando o alarme toca e rudemente nos chama de volta à realidade e aos nossos corpos. Todos sentimos essa decepção em algum momento. O dado importante para nós é que quando isto acontece, testemunhamos em primeira mão a possibilidade de experimentar sensações "corporais" sem nunca mover nossos membros ou abrir os olhos.

Da mesma forma, o período durante o qual nossos corpos e almas estão separados não precisa ser uma fonte de apreensão para nós. O mesmo Deus que nos brindou com o poder de ver, ouvir e sentir coisas enquanto dormimos também nos dará o poder de "sentir" coisas enquanto aguardamos a ressurreição.

Inclusive, existe uma imensa quantidade de alegria real que poderemos gozar antes mesmos de reavermos nossos corpos — começando com estar com Deus e com os espíritos de nossos amigos e familiares que morreram. É por isso que sei que minha santa avó — cuja alma tenho certeza de que se encontra no paraíso, mas cujo corpo está sepultado no solo há quatro décadas — está passando muito bem agora. Sei que ela está desfrutando da companhia incrível de seu pai, sua mãe e irmãos, que ela pode me ver e acompanhar o que está acontecendo em minha vida, e que ela está apreciando os incontáveis presentes, graças e prazeres que Deus está concedendo ao seu espírito.[7]

Contudo, para os propósitos deste livro, não especularemos muito profundamente sobre a natureza exata dessas alegrias fora do corpo. Também não nos lançaremos numa discussão sobre assuntos que originaram discórdia entre as igrejas cristãs (o purgatório, por exemplo). Sem minorar a importância dessas diferenças doutrinárias, quero deixar uma coisa clara desde já: o paraíso para o qual viajaremos nas páginas a seguir é o nosso destino *final*, o paraíso para o qual iremos *depois* do Juízo Final; o paraíso que experimentaremos *corporalmente*; o paraíso cuja existência é universalmente acreditada por *todos* os cristãos; o paraíso para o qual um dia você e eu receberemos a permissão de entrar, no fim do mundo.

Se esse paraíso está no seu plano de viagem para hoje, então não percamos mais tempo. As aeromoças fecharam as portas da cabine, e a torre de controle autorizou nossa decolagem.

CAPÍTULO 2

Acomodações luxuosas: o seu novo corpo

Digamos que você queira fazer uma viagem especial de aniversário com seu cônjuge e dinheiro não é problema. Como planeja a viagem?

Se minha esposa e eu fôssemos viajar para, digamos, o sul da Califórnia — e eu dispusesse de um orçamento absolutamente ilimitado —, iria querer uma limusine para nos conduzir até o aeroporto e um jato particular à nossa espera na pista de decolagem. Quando aterrissássemos em Los Angeles, outra limusine para nos levar direto até o Beverly Hills Hotel, onde repartiríamos uma garrafa de champanhe e talvez um pouco de caviar no Polo Lounge — antes de nos instalarmos na suíte presidencial.

Ali, em meio ao luxo daquele palácio cor-de-rosa, desfrutaríamos de um jantar suntuoso diante da lareira, café na varanda coberta com vista para o Sunset Boulevard, e talvez um banho de Jacuzzi no banheiro com azulejos em mármore antes de finalmente nos retirarmos para a nossa linda cama com dossel. E isso seria apenas o começo.

Entendam, não estou necessariamente defendendo essa decadência deliciosa como rotina diária, mas a questão que vem à mente é: se prazerosamente nos daríamos esses serviços de primeira classe numa simples viagem à Califórnia, que tipo de acomodações magníficas Deus vai nos oferecer quando viajarmos para a estância Dele... o paraíso?

E ainda mais importante: que tipo de arranjos *pessoais* Deus está planejando para nós? Como *nós* vamos parecer quando chegarmos ao paraíso? Que tipo de pessoas vamos ser?

Se você aceitou o que dissemos nas últimas páginas, provavelmente não ficará surpreso com a resposta. A pessoa que vai para o paraíso no fim dos tempos é *você*. Não será um anjo. Não será um espírito desincorporado. Não será uma "cópia" espiritual e desprovida de emoções que mal se assemelhe à pessoa que você conhece. Quando for para o paraíso depois da ressurreição, você irá de *corpo e alma*. Não será um fantasma transparente, flutuando sem destino acima das nuvens.

Um dos conceitos mais importantes neste livro é que o seu corpo não é uma coisa que simplesmente encarcera o seu espírito. Muitas pessoas têm uma noção equivocada a respeito disso. Elas acham que como nossos corpos deterioram e morrem, e porque nossos espíritos são "eternos", os dois na verdade não estão realmente conectados, ou que o espírito é *melhor* que o corpo.

Não é assim. Supostamente estamos vivendo numa "era material". E mesmo assim, quando pensam no céu, as pessoas esquecem tudo a respeito da "matéria". É uma das verdadeiras ironias da vida o fato de que as pessoas que você menos esperaria — os líderes da Igreja e os teólogos — são aquelas que se revelaram os maiores defensores do mundo material. Porque, na longa história do cristianismo, poucos hereges foram punidos com mais rigor ou rapidez do que aqueles que proclamaram a superioridade do espírito. O gnosticismo, o maniqueísmo, e uma horda de outros "ismos", bem como a maioria das religiões orientais, tentaram clamar que a alma é "boa" e a carne é "má": que após nossa morte, finalmente somos liberados desta concha problemática que chamamos de corpo e ficamos livres para ser felizes.

Essa não é a abordagem de *nenhuma* das igrejas cristãs. Acreditamos que Deus não apenas criou um espírito e o vestiu com um corpo; acreditamos que Ele criou corpos e almas juntos e que estes compõem uma única entidade à qual chamamos ser humano. De fato, o próprio termo, *ser humano*, ilustra a composição material e espiritual de nossa identidade. É esta identidade completa que está destinada a viver no paraíso, não apenas o espírito humano.

Por isso é tão importante homenagearmos no cemitério amigos e familiares falecidos. Às vezes ouvimos as pessoas dizerem que não acham isso necessário porque seu conhecido "não está realmente ali", que está "com Deus" e que a melhor coisa a fazer é "orar pela alma" da pessoa.

O problema com esse tipo de pensamento é que ele é uma meia verdade. Como já dissemos, depois que alguém morre, apenas *parte* da pessoa está com Deus. A outra parte — o corpo da pessoa — continua conosco na Terra. Quando visitamos alguém no cemitério, estamos mostrando que entendemos e acreditamos nesta verdade: que a pessoa que amamos não está apenas num espírito, que voltará a ser uma pessoa plena de novo. Justin Martyr, escrevendo pouco mais de cem anos atrás sobre a ressurreição física de Cristo, resumiu perfeitamente: "Se Deus convocou os humanos para a vida e a ressurreição, convocou não uma parte, mas o todo... e esse todo é a alma e o corpo."

A pergunta é: como seremos depois que estivermos "inteiros" novamente no paraíso? O bom senso dita que se o Senhor se deu ao trabalho de nos fazer, Ele não vai simplesmente nos jogar fora. Certamente vai nos mudar. Não seremos no paraíso exatamente a mesma coisa que somos aqui. Na verdade, conforme discutiremos mais adiante, essas mudanças serão a um só tempo dramáticas e empolgantes; e vão tornar nossa vida no paraíso muito mais divertida. Mas em outro aspecto muito real, nossos corpos redivivos serão impressionantemente similares àqueles que temos agora.[1] Vamos nos concentrar neste aspecto por um momento.

Para início de conversa, nossos corpos serão compostos de átomos, moléculas e células. Como sabemos disso? Porque é isso que um "corpo" é. É isso que o torna diferente de um espírito; não é um espírito porque tem massa, peso e forma. Tertuliano, outro famoso teólogo cristão, escreveu sobre isto em 210 d.C., dizendo que nossos corpos irão se levantar novamente e que eles serão "certamente a *mesma* carne, e certamente em sua *integridade* [ênfase acrescentada]". Portanto, no paraíso, o corpo terá um esqueleto, exatamente como temos agora. Terá um sistema circulatório e sangue correndo por suas veias. Terá pele, que será quente ao toque. Terá um sistema respiratório, um sistema digestivo e um sistema nervoso. Sob todos os aspectos que você puder imaginar, será um corpo humano real, autêntico e *fisiologicamente preciso*.

E será o corpo de um homem ou de uma mulher. Se você é um homem agora, será um homem no paraíso. Se é uma mulher, será uma mulher no paraíso. Isto pode parecer um pouco óbvio, mas você ficaria surpreso com quantas pessoas questionam se o paraíso é ou não é povoado por estranhas criaturas andróginas. Se isso fosse verdade, o paraíso seria um lugarzinho bem chato.

Como teremos corpos humanos no paraíso, também seremos capazes de fazer todas as coisas que fazemos agora. Seremos capazes de usar nossos sentidos, por exemplo. No paraíso, seremos capazes de comer, beber e conversar. Seremos capazes de ver, ouvir, correr e assobiar uma melodia. As pessoas no paraíso serão capazes de sentar numa cadeira e ler um livro, tal como você está fazendo agora. Serão capazes de abraçar e beijar umas às outras. Serão capazes de estalar os dedos, pentear os cabelos, fazer longas caminhadas, ou criar uma obra de arte com suas mãos.

Mais adiante conversaremos muito sobre os tipos de atividades que acontecerão no paraíso, mas por enquanto entenda isto: o bom Deus nos brindou com corpos que são capazes de fazer todos os tipos de coisas interessantes e incríveis. Enquanto tivermos esses corpos, teremos a habilidade de fazer essas coisas. Nossos corpos não vão deixar de agir como corpos humanos só porque estão no paraíso.

Eles também não deixarão de ser os *nossos* corpos. Em outras palavras, seremos capazes de reconhecer uns aos outros no paraíso como as pessoas que conhecíamos na Terra.[2]

Não vou deixar de ser Anthony DeStefano quando chegar ao paraíso. Terei *meu* corpo, *minha* mente, *minhas* memórias, *minha* personalidade, *minha consciência*. Serei *eu*. Manterei no paraíso tudo aquilo que compõe a pessoa que sou.

A questão essencial aqui é que as pessoas não perdem sua identidade quando vão para o paraíso. E isso inclui sua identidade física. Se você tem olhos castanhos agora, levará esses olhos castanhos para o paraíso. Se é branco, negro ou amarelo agora, terá essa cor no paraíso. Se tem uma pinta na face esquerda agora, terá essa marca também no paraíso.

Em outras palavras, se você quer saber como vai se parecer quando estiver no paraíso, dê uma olhada no espelho neste momento!

Mas e se eu *odeio* a forma como pareço agora, você diz? E se há coisas no meu corpo que quero mudar — que *preciso* mudar — para ser perfeitamente feliz no paraíso? Está dizendo que terei de continuar da forma como sou agora por toda a eternidade? Absolutamente não!

Precisa confiar um pouquinho em Deus. Ele sabe melhor do que você o que está errado com o seu corpo e como deve ser consertado para que seja mais feliz no paraíso. "Não sejais ansiosos", disse Cristo. "Ora, se Deus veste assim a erva no campo, que hoje existe e que amanhã é lançada no forno, quanto mais a vós outros, homens de pouca fé?"[3]

E Agostinho, um dos grandes teólogos cristãos da História, chamou Deus de "artesão" maravilhoso, que indubitavelmente restaurará nossos corpos de volta à vida e "cuidará para que nada impróprio resulte".

Só porque manterá a sua identidade no paraíso, isso não significa que você será exatamente a mesma coisa. Ocorrerão diferenças *extraordinárias* nas quais apenas Deus poderia pensar. A palavra central nesta discussão é *identidade*. Quem é realmente você, física, psicológica e emocionalmente?

Para ajudá-lo a melhorar a sua vida, palestrantes motivacionais e especialistas em desenvolvimento pessoal costumam mandar que faça uma lista das características e qualidades que identifica consigo mesmo. Este é um exercício excelente porque nos força a definir como vemos a nós mesmos. Quando completamos a lista, descobrimos que existem muitas características com as quais estamos felizes — "sou desinibido, aventureiro, bonito", por exemplo — e muitas que gostaríamos de poder mudar — "sou preguiçoso, gordo, zangado, deprimido, indisciplinado" etc.

Bem, acredita realmente que é *igual* àquelas características "negativas" que listou? É isso que você é, no seu coração? Esta é a sua identidade?

Na maioria dos casos, a resposta é não. Você pode ser preguiçoso, gordo, zangado, deprimido e indisciplinado, mas tais características não definem a sua essência como ser humano.

São qualidades imperfeitas que você adquiriu com o passar do tempo devido a uma predisposição genética, a partir do seu ambiente, ou através de suas más escolhas ou hábitos.

Como essas características não fazem parte da sua verdadeira identidade, elas não têm lugar no paraíso. Portanto, não farão a viagem com você. Você pode dizer adeus a elas assim que deixar esta vida.

Por outro lado, e quanto ao *verdadeiro* você? Podemos ao menos saber o que é isso?

Você já teve um dia em sua vida em que tudo deu certo, quando simplesmente parecia incapaz de fazer qualquer coisa errada? Tente lembrar seriamente de um momento em que esteve no seu máximo, quando esteve agindo, pensando e sentindo o melhor possível. Um dia em que esteve completamente enérgico, entusiasmado e apaixonado. Um dia em que esteve no seu nível máximo de desempenho, tanto psicológica quanto emocionalmente. Quando foi ousado em vez de tímido, forte em vez de fraco, corajoso em vez de covarde. Resumindo, já teve um dia em que foi realmente o tipo de pessoa que sabe possuir o potencial para ser?

Todos nós já tivemos alguns dias como esses. A maioria de nós não os tem com a freqüência com que gostaria. Na verdade, poucos cumprem plenamente o seu potencial o tempo inteiro. Os raros indivíduos especiais que assim fazem se destacam da multidão. São aqueles que literalmente irradiam energia e carisma. São as pessoas mais entusiasmadas e apaixonadas pela vida, a despeito da posição que nela ocupam. Mas embora nem sempre realizemos plenamente o nosso potencial, vez por outra "acertamos o passo", por assim dizer, e conseguimos mostrar ao mundo e a nós mesmos do que somos realmente feitos.

Nesses momentos podemos ver nossa verdadeira identidade. Essa é a identidade que Deus sempre vê em nós; é o que ele tinha em mente quando nos criou.

É *assim* que seremos no paraíso.

O mesmo vale para a nossa psicologia. Se você tem sessenta e dois anos e está lendo este livro agora, não preciso lhe dizer que a sua identidade não é "sessenta e dois". Por dentro, você sabe que ainda tem vinte e cinco! O tempo pode tê-lo catapultado para a sua idade presente, e o seu corpo pode ter sofrido no processo, mas isso não muda o fato de que na sua essência, você ainda é a mesma pessoa que era há quarenta anos.

E se está noventa quilos acima do seu peso ideal, não preciso dizer que a sua identidade não é a de um obeso. Assim como a sua identidade não é ser aleijado, deformado ou doente. Ou cego ou surdo. Nenhuma dessas coisas compõe a sua pessoa essencial. A verdade nua e crua é que, ao entrar no paraíso, você entra com o seu ser verdadeiro, o seu *melhor* estado emocional, psicológico, intelectual e físico. Seja lá qual for esse estado, e apenas Deus sabe com certeza, é assim que será no paraíso. Em alguns casos, veremos pessoas no paraíso que se parecem exatamente como eram na Terra; em alguns casos serão mais jovens, em outros casos mais velhas (se morreram na infância ou se foram natimortos), em alguns casos mais magras.

Porém, a despeito do que tenha mudado, uma coisa é certa: seremos capazes de identificar as pessoas que conhecemos e amamos em vida. Como reconhecerá o seu avô que morreu aos 87 anos se no paraíso ele parece tão jovem e vibrante quanto era aos trinta? Bem, o seu avô talvez precise apenas se apresentar a você primeiro! Você pode precisar de um pouco de tempo para se acostumar a vê-lo como um jovem. Ou Deus pode simplesmente lhe dar a habilidade de reconhecê-lo de imediato pelo que ele é. Ninguém pode dizer com certeza como Deus operará todos os seus milagres, mas não há dúvida de que *vamos* reconhecer nosso pai como nosso pai, nossa avó como nossa avó, nossos filhos como nossos filhos.

E isso não é nem a melhor parte. Deus tem outras mudanças empolgantes guardadas para nós. Ele inclusive fez questão de nos dizer exatamente quais são essas mudanças e de demonstrá-las para nós com um exemplo vivo. Como assim?

Vemos no final de todos os Evangelhos uma descrição impressionante de Cristo após sua ressurreição corporal. Mesmo que não seja cristão, é fascinante ler o que a Bíblia diz a esse respeito, porque nos oferece um vislumbre de como iremos agir, viver e ser no paraíso. As passagens às quais estou me referindo dizem respeito às várias aparições que Cristo fez para seus discípulos depois de crucificado e de ter-se levantado de entre os mortos na manhã do domingo de Páscoa.[4] É quase arrepiante ver como Cristo aparece em um aposento e de repente desaparece no ar; como é capaz de atravessar paredes e ascender ao céu; como tem o poder de permitir que seja reconhecido ou não pelas pessoas ao seu redor. Ao mesmo tempo em que demonstra seu poder sobre as leis físicas e o universo material, ele está comendo peixe com seus discípulos, conversando com eles, e fazendo com que toquem seu corpo para mostrar-lhes que ele é *real*, e não um fantasma.

O que Deus realizou nesses curtos parágrafos foi recolher o véu que esconde o paraíso e revelar, apenas por um breve momento, como será a vida lá. Como São Paulo disse ao descrever nossa vida no mundo por vir, Cristo "transformará o nosso corpo de humilhação, para ser igual ao corpo da sua glória".[5]

Teólogos analisaram as aparições de Cristo depois da ressurreição e chegaram a muitas implicações e conclusões sobre a natureza do corpo ascendido. Tomás de Aquino, o grande santo católico e filósofo do século XIII, listou quatro qualidades distintas que nossos corpos terão no paraíso, qualidades que espelham o que Cristo exibiu na Bíblia: *sutileza, luminosidade, agilidade* e *incorruptibilidade*.

Tudo isso se resume a uma mudança na forma como o seu corpo funciona. Neste momento, a sua psicologia está muito no controle de como você age e do que faz. Por exemplo, comer quando sente fome, beber quando sente sede, dormir quando sente sono. Você pode lutar contra o seu corpo, é claro, porém cedo ou tarde vai perder. Todo mundo já ouviu a expressão: "O espírito é bem-intencionado, mas a carne é fraca."[6]

É exatamente isso que quero dizer.

De um milhão de formas diferentes, somos escravos dos nossos corpos, alguns mais do que outros. Quando vemos pessoas que não têm capacidade de disciplinar seus desejos físicos, dizemos que elas não têm "autocontrole" ou "força de vontade". Às vezes essa incapacidade pode gerar o caos em nossas vidas. Por exemplo, sabemos que não devemos tomar tanto sorvete e nos entupir com hambúrgueres, mas simplesmente não conseguimos resistir, e assim acabamos com doenças cardíacas. Sabemos que devemos fazer exercícios todos os dias, mas nossos corpos estão tão cansados das pressões do trabalho, que preferimos assistir TV e acabamos com quilos a mais e carência de energia. Sabemos que devemos ser fiéis aos nossos cônjuges, mas como simplesmente não conseguimos controlar nossos impulsos sexuais, iniciamos um caso que um dia nos conduzirá ao divórcio.

Tantas vidas, tantas famílias, tantos casamentos foram destruídos porque nossa "vontade" é subserviente às nossas necessidades corporais.

Por sorte, quando chegarmos ao paraíso, ocorrerá uma reviravolta surpreendente. *Nossos corpos subitamente se tornarão totalmente subservientes à nossa vontade.* O que isso significa é que, no paraíso, não mais seremos atormentados pelas compulsões insalubres, antiéticas e estúpidas que regem nosso comportamento agora. Não teremos vícios, maus hábitos ou impulsos que não consigamos controlar. Finalmente teremos *controle total* sobre nossas ações e comportamento. Por fim seremos capazes de cumprir plenamente o nosso potencial.[7]

O mesmo acontecerá fisicamente. Não mais estaremos à mercê de nossos instintos. Portanto, quando comermos no paraíso — e não há motivo para acreditarmos que não faremos isso — será para desfrutar do sabor do alimento, não porque precisemos absorver nutrientes para sobreviver.

A coisa mais empolgante porém é que, quando Deus diz que nossos corpos estarão a serviço absoluto de nossas vontades, Ele quer dizer *absoluto*. Quando Cristo apareceu para seus discípulos em um lugar, e então sumiu e se mostrou para outros discípulos a muitos quilômetros de distância, estava demonstrando que possuía controle absoluto sobre para onde e como seu corpo viajava. As implicações para nós são fabulosas.

Imagine por um segundo que você tem cem por cento de controle sobre o seu corpo. Imagine que pode mandá-lo fazer qualquer coisa que quiser, e ele ouvirá. Podemos prosseguir esse raciocínio dizendo que você pode controlar fome, sede, cansaço etc. Mas pense maior do que isso. Tente pensar como Deus!

Neste exato momento, por exemplo, estou sentado diante de um computador em meu escritório. Depois que acabar de escrever, eu adoraria estar em Roma, sentado num café ao ar livre na via Veneto. Ou talvez esquiando nos Alpes suíços. Ou talvez caminhando pelos Champs Elysées em Paris. Ou, quem sabe, jogando golfe na lua.

Obviamente isso é puro sonho. Mas, no paraíso, será realidade. No paraíso, o corpo terá o poder de obedecer a esses tipos de comandos. Ele fará qualquer coisa que lhe for ordenada, e irá a qualquer lugar que digamos para ir, *instantaneamente*. Sei que parece incrível demais para acreditar, mas foi isso o que o cristianismo nos ensinou durante dois mil anos. É apenas que as pessoas nem sempre se dão ao trabalho de pensar sobre as conclusões específicas que fluem a partir daquilo em que elas já acreditam.

Outra coisa surpreendente é que o seu corpo será *indestrutível*. Como será controlado pela sua vontade, não será suscetível à dor ou ao sofrimento.[8] Se realmente quiser entender o que isso significa e não tiver medo de sentir-se um pouco ridículo, pegue uma revista em quadrinhos e leia sobre as coisas que os super-heróis fazem com seus incríveis superpoderes. Esses homens e mulheres invencíveis do faz-de-conta fornecem um exemplo tão bom quanto o de qualquer livro de teologia sobre quais serão nossos poderes no paraíso.

E por que isso deve ser uma surpresa? Quando seres humanos tentam imaginar os tipos de poderes que um super-herói pode ter, naturalmente inventam alguém com a capacidade de desafiar as forças físicas do universo. Isso é exatamente o que a Bíblia e a tradição cristã dizem a respeito da nossa vida no paraíso. Não estamos muito distante em nosso raciocínio. Precisamos apenas resistir à inclinação de dispensar essa idéia apenas porque parece engraçada e ousada. Precisamos nos acostumar à idéia de que o próprio Deus é ousado. Se nós, com nossas imaginações pequenas e limitadas, podemos conceber um super-homem, você não acha que Deus pode bolar alguma coisa pelo menos tão boa quanto?

Tudo isto deve ao menos lhe dar uma idéia de como vamos ser no paraíso. Talvez você já tenha começado a compreender que existem algumas possibilidades interessantíssimas em termos do que seremos capazes de fazer depois de ganharmos esses corpos "novos e melhorados". Mas não vamos nos apressar. Antes de discutir as atividades que praticaremos na vida depois da morte, precisaremos explorar um pouco o terreno.

Exatamente o que veremos em nossas férias eternas? Vamos pensar um pouco sobre a aparência desse lugar fascinante.

CAPÍTULO 3

Nosso destino final

Qualquer um que passe um bom tempo em trens e aviões está familiarizado com o termo "destino final". Muitas vezes ficamos impacientes com viagens porque não queremos fazer paradas durante o trajeto. Afinal de contas, existe alguém que realmente goste de pernoites ou traslados? A maioria de nós quer chegar ao seu destino instantaneamente, como os personagens de *Jornada nas estrelas*, que são simplesmente "teletransportados" sempre que têm uma viagem a fazer.

Ironicamente, o oposto se aplica no que diz respeito ao *verdadeiro* destino final: o paraíso. A maioria de nós deseja fazer um milhão de paradas antes de chegarmos a esse lugar! Parte do motivo é que tememos o desconhecido. Se tivéssemos uma boa imagem em nossas mentes de como esse destino se parece, talvez não tivéssemos de ser arrastados gritando e espernenado quando Deus nos chama para casa.

A boa notícia é que temos essa imagem! A bem da verdade, nós a temos há dois mil anos. Está bem ali nas escrituras e na teologia cristã. Tudo que precisamos fazer é dedicar algum tempo a algumas deduções teológicas básicas e talvez usar um pouco de nossa imaginação concedida por Deus.

Você já assistiu a *O mágico de Oz*? Lembra-se de como Dorothy e seus três amigos partem numa busca pelas coisas que cada um deles mais quer no mundo inteiro? Coisas que acham que perderam ou que jamais possuíram? Um quer coragem, outro quer inteligência, um outro quer um coração e Dorothy quer um lar verdadeiro. A moral dessa história é que você não precisa realmente embarcar numa longa jornada para ver um mago e conseguir essas coisas. Na verdade, se quiser realmente encontrá-las, provavelmente não precisa olhar mais longe do que o seu próprio quintal.

O paraíso é um pouco parecido com isso. As pessoas pensam nele como alguma coisa tão distante, tão difusa e enevoada, que não conseguem enxergá-lo com nitidez. Não percebem que aquilo que estão procurando está bem debaixo de seus narizes.

Dissemos no ultimo capítulo que se você realmente quer ver como será sua aparência no paraíso, basta dar uma olhada no espelho. E sabe de uma coisa? Se quer ter uma idéia de qual vai ser a aparência do paraíso, dê uma volta pelo quarteirão. Se quiser saber *onde* o paraíso está, não force os olhos olhando alto para o céu. O paraíso não está além das estrelas ou além de qualquer arco-íris. Está bem aqui, debaixo dos nossos pés.

A localização física do paraíso é a *Terra*.

No Novo Testamento, fala-se muito sobre "um novo paraíso e uma nova terra".[1] O que isto significa é que da mesma forma como os seres humanos estão destinados a experimentar a morte, a ressurreição corporal e a transformação, o nosso planeta também está.

Já dissemos que quando chegarmos ao paraíso, você será muito parecido (mas ao mesmo tempo muito diferente) com a forma como era na vida. Possuirá a mesma identidade, e será totalmente reconhecível como *você*, mas também sofrerá algumas mudanças fabulosas que lhe possibilitarão apreciar o paraíso em sua plenitude.

O mesmo valerá para a Terra. Deus usará para a Terra o mesmo padrão e o mesmo modelo que usará para nós. Entenda, se sabemos alguma coisa a respeito de Deus, é que Ele é consistente. Se Deus já nos mostrou que pretende usar o "material bruto" dos seres humanos no paraíso, então podemos ter certeza de que Ele usará o material do mundo ao nosso redor. Por que Deus se daria ao trabalho de fazer a Terra se sua única intenção fosse jogá-la no incinerador depois de dedicar tanto tempo e esforço a criá-la?

No primeiro livro da Bíblia, o Gênesis, Deus criou a Terra e viu que "ela era boa". Bem, você acha que Deus tem o costume de descartar as coisas boas que inventa? Claro que não. Na ciência você deve ter ouvido falar sobre a "Lei da Conservação da Matéria" e a "Lei da Conservação de Energia". Bem, Deus também tem uma lei. É chamada de Lei da Conservação da *Criação*. Ele não cria coisas boas e imaginativas, "trabalhando" nelas por milhões de anos, para depois deixá-las de lado como um brinquedo do qual tivesse se cansado. Ele pode mudar e *transformar* a coisa que criou, mas não a elimina... pelo menos não permanentemente.

Para colocar em termos simples, nosso destino final como humanos não é algum ponto de luz desconhecido a zilhões de quilômetros de onde estamos agora. Também não é algum estado mental psicológico. Nosso destino final, ironicamente, é bem aqui no bom e velho planeta Terra. A Bíblia deixa claro como cristal que *pelo menos parte* do paraíso será esta "nova Terra". E será o mesmo mundo no qual vivemos toda nossa vida, a mesma Terra que foi o lar de bilhões de seres humanos no longo curso da História. Mas, como os seres humanos, a Terra em si vai experimentar um tipo de morte e ressurreição.

A escritura nos ensina que o mundo no qual vivemos agora *acabará* algum dia. Ele irá "morrer" exatamente como os seres humanos devem morrer. Chamamos esse evento de Apocalipse. Mas depois disso — depois da destruição do "velho" mundo — haverá um "novo". A Terra na qual vivemos agora vai sofrer uma transformação estarrecedora, espetacular. Esta Terra nova e transformada formará parte do que chamamos paraíso.

Mas qual será exatamente a aparência desse lugar?

Antes de entrarmos em detalhes, vamos rever nossa metodologia. Como disse antes, tudo que lerá neste livro é absolutamente coerente tanto com o ensinamento da Bíblia quanto com a teologia cristã. E essa é a verdade. Mas isso significa que você vai encontrar alguma coisa na Bíblia ou nas escrituras dos santos que compare o seu corpo ressuscitado ao super-homem? Não é provável. Contudo, o que temos são quatro relatos de apóstolos que descreveram a aparência de

Cristo depois de se levantar dos mortos. Temos a primeira epístola de Paulo aos Coríntios, na qual ele ensina que Cristo representa os *primeiros frutos* do que está por vir.[2] E temos uma profusão de epístolas, livros e sermões dos fundadores da Igreja e de centenas de outros teólogos e mártires que analisaram essas passagens e nos asseguraram que o Cristo ascendido é o padrão que Deus usará para recriar os humanos depois que ascendermos. Tudo que fiz ao usar a analogia do super-homem foi somar dois e dois.

O que tenciono fazer neste livro é pegar ensinamentos cristãos bem conhecidos, aceitos universalmente e sólidos como rocha, e extrair implicações empolgantes. Minha abordagem aqui não é inventar coisas novas sobre o paraíso, mas ser uma espécie de Sherlock Holmes teológico. Temos dois mil anos de ensinamentos no tema do paraíso. Precisamos começar a fazer deduções simples sobre o que esses ensinamentos significam para *nós*. É realmente elementar.

Sabemos, por exemplo, que Deus vai transformar a Terra em que vivemos e torná-la um pouco diferente. Também sabemos que esta nova Terra não será espiritual apenas em natureza, mas física e material. Finalmente, sabemos que será um lugar de alegria e prazeres infinitos para nós. Tudo isso sabemos a partir da teologia. Também sabemos, por nossa própria experiência de viver no mundo, que Deus tem uma grande imaginação. Que adora fazer coisas — coisas interessantes, absurdas, coloridas, revolucionárias e surpreendentes.

Com base em tudo isto, não é difícil chegar a algumas idéias simples mas precisas sobre como será o paraíso. Por exemplo, comecemos com algumas deduções *visuais*.

Conhecendo Deus e como Ele age, alguém duvida que o paraíso vai ser pintado em cores vívidas? Alguém pode realmente acreditar que o paraíso será enevoado e difuso, conforme o vemos retratado no cinema? E se quisermos usar o cinema como analogia, então podemos dizer que o paraíso será, no mínimo, em tecnicolor. Na Terra, os humanos são capazes de ver apenas as cores básicas que compõem o espectro da luz: vermelho, amarelo, azul e branco. Todas as outras cores que conhecemos são apenas combinações dessas *quatro*.

No paraíso certamente teremos essas cores básicas, mas também teremos novas cores que jamais imaginamos. Deus nos ofereceu uma grande pista sobre esses novos tipos de cores que *podem* existir, porque Ele já criou algumas. Você já ouviu falar de ultravioleta e luz infravermelha? Essas cores existem, mas os nossos olhos não são capazes de enxergá-las. Aposto que elas serão visíveis no paraíso.

E isso é apenas o começo. Tudo que sabemos sobre Deus nos diz que o paraíso será uma explosão de cores. Pense no pôr-do-sol mais colorido que puder imaginar. Pense nos tons de vermelho, amarelo, laranja, rosa e azul. Pense no efeito empolgante que um pôr-do-sol pode exercer no seu espírito. Mas não se esqueça de que apenas quatro cores básicas foram usadas para compor esse lindo quadro. Permita fazer-lhe uma pergunta. Você acha que Deus tem apenas quatro cores em sua palheta?

No céu, o propósito principal das criações de Deus será nos conceder alegrias irrefreáveis. Existe um trecho famoso da Bíblia que diz: "Porque desde a Antiguidade não se escutou com ouvidos, nem se viu com olhos, o que Deus preparou para aqueles que o amam."[3] Precisamos aceitar essa declaração ao pé da letra. O paraíso vai ser um *banquete para os sentidos.*

E de forma alguma esse banquete se restringirá ao sentido da visão.

Acha que já provou alguma comida boa em sua vida? Bem, espere para saborear a comida do paraíso! Você não apenas será capaz de comer os alimentos que conheceu na Terra, como também encontrará novos para experimentar... com aromas e sabores absolutamente inéditos!

Acha que já ouviu sons agradáveis em sua vida? Existe algum tipo específico de música que sempre deixa você de bom humor ou faz com que se sinta incrivelmente feliz? Bem, no paraíso também haverá boa música, e posso garantir que não será apenas cânticos de corais e melodia de harpas. Haverá orquestras, bandas, cantores e instrumentos. Você será capaz de experimentar todos os tipos de música que conhece e ama agora, e também novos tipos inimagináveis.

O mesmo vale para os nossos sentidos de olfato e tato. No paraíso haverá novos aromas e odores para apreciar, e novas texturas e formas de sentir. Se quisermos compreender o paraíso, precisamos pensar como Deus! E isso significa libertar nossas imaginações e ter um pouco de ousadia.

Vamos levar esse raciocínio um pouco adiante. Na escola primária aprendemos sobre as quatro categorias básicas da natureza: fogo, água, terra e ar. Mais adiante, aprendemos como essas categorias podem ser subdivididas na tabela periódica dos elementos. Tudo que conhecemos — mares, céu, montanhas, relva, cidades, criaturas vivas — é de alguma maneira uma combinação desses elementos. Mas no paraíso, por que Deus iria se limitar ao que está nessa tabela? Deus realmente irá se satisfazer com um número tão finito no paraíso — o seu superparque de diversões para os seres humanos a quem ele ama tanto?

Não acho. Assim como haverá novas paisagens, sons e sensações no paraíso, haverá novos elementos básicos. E desses elementos básicos, categorias inteiras da natureza surgirão. Bem, não tenho a menor idéia de que categorias maravilhosas serão essas, mas conhecendo Deus, elas serão tão vastas e inspiradoras quanto o oceano e o firmamento.

Tudo isso remonta ao que dissemos no último capítulo a respeito dos "materialistas" reais da vida serem os líderes das igrejas e os teólogos, porque eles, mais do que qualquer outra pessoa na História, reconheceram o verdadeiro valor das coisas materiais no plano de Deus. O que estamos dizendo enfaticamente nestas páginas é que o próprio Deus é uma espécie de materialista. Ainda mais, Deus é um *sensualista*.

O paraíso sobre o qual o Apocalipse de João discorre, o paraíso sobre o qual Agostinho escreve, o paraíso que o cristianismo proclama hoje, é um deleite de sensualismo. Deus deve dar uma boa gargalhada quando ateus e agnósticos aqui na Terra falam sobre a religião ser "melancólica" e "triste", e ridicularizam aqueles que acreditam em Deus como sendo "contra os prazeres sensuais". Absurdo! Entendemos o quanto são importantes e empolgantes esses prazeres sensuais mais profundamente do que os ateus jamais entenderão, porque sabemos que esses prazeres alcançarão uma intensidade ainda maior depois que chegarmos ao paraíso.

Claro que isso não significa que *todos* os prazeres materiais e sensuais serão experimentados na vida após a morte. Sabemos perfeitamente bem que muitos prazeres terrenos — porque eles foram distorcidos pelo egoísmo humano — podem ser classificados como pecaminosos e imorais. Obviamente esses prazeres não terão legitimidade no reino do paraíso. Mas existem muitos outros que serão levados para a eternidade.

Vamos usar o exemplo da natureza. Você acha que no paraíso haverá maravilhosos dias de outono, com as árvores reluzindo em tons de laranja e vermelho, e o ar apenas suficientemente frio para nos fazer vestir um suéter? Primaveras com milhares de cores e flores? Invernos com adoráveis chuvas de neve branca?

A resposta a todas essas perguntas é sim! Pode apostar que todas essas coisas existirão no paraíso. Deus jamais descarta suas criações, mas apenas as muda para melhorá-las. Não há motivo para acreditar que Ele não manterá todas as coisas nesta vida que já são belíssimas.

E isso inclui desfiladeiros, geleiras, vales, oceanos, praias, montanhas e rios, e tudo mais que há de belo na Terra. Os seres humanos já acreditam que quando "comungam com a natureza", de alguma maneira se aproximam de seu criador. Algumas pessoas levam o conceito longe demais e defendem que a natureza em si é Deus. Embora certamente não concordemos com os panteístas, reconhecemos que eles estão tocando numa verdade fundamental: uma das formas que podemos nos aproximar de Deus é através de suas criações. O Salmo 19 diz: "Os céus proclamam a glória de Deus e o firmamento anuncia as obras das suas mãos." É exatamente isso que quero dizer.

E é por causa disso que essas coisas que amamos tanto na Terra continuarão a existir no paraíso. Elas são sinais de Deus. É semelhante ao que dissemos antes sobre os seres humanos.

Quando entrar no paraíso, você entrará com sua verdadeira identidade, como a melhor pessoa que você pode ser. A "nova terra" também estará em seu apogeu. Ela reterá todos os aspectos surpreendentes e maravilhosos de seu estado presente, mas não mais manifestará todas as suas características desagradáveis e deprimentes. Como, exatamente? No paraíso não haverá terremotos ou qualquer outra catástrofe "natural", nenhum inverno assassino, nenhum furacão devastador. Tudo estará completamente sujeito à vontade benevolente de Deus.[4]

Nem é preciso dizer que esta transformação não se limitará apenas em manter o bom e eliminar o mau. Deus é imaginativo demais para isso. Dissemos que no paraíso seremos capazes de experimentar toda uma nova variedade de imagens, sons, aromas e texturas. Juntamente com isso seremos capazes de ver toda uma nova variedade de *coisas* criadas.

Se há uma conclusão que você pode extrair desta discussão é que *Deus é um artista*. Um grande artista. Não preciso descrever todas as milhares de espécies de animais, insetos, plantas e flores que existem no mundo para ilustrar a criatividade de Deus. Apenas dê um passeio em qualquer jardim botânico ou qualquer bom zoológico e verá que Deus possui um amor absolutamente insaciável por inventar as coisas mais surpreendentes. Às vezes, quando observamos uma criatura de aparência particularmente interessante, como um tamanduá ou um leão-marinho, você quase pode ouvir Deus rindo durante o ato da criação. Deus possui um senso de humor e um talento para criar seres vivos que raramente reconhecemos. É hora de começarmos.

Mas por que estou falando tudo isto? Para frisar que Deus vai continuar criando coisas para sempre. Nos próximos capítulos, vamos falar muito sobre os tipos de seres vivos que povoarão o paraíso. Por enquanto, basta compreendermos que o paraíso estará *cheio* com todos os tipos de animais, vegetais e minerais, inclusive tipos que nunca vimos.

Falamos muito sobre a natureza e os elementos naturais, mas seria um grande erro pensar no paraíso como uma imensa reserva natural. Para algumas pessoas isso realmente seria um paraíso, mas para outras não seria satisfatório. Inclusive seria um pouco tedioso. A natureza realmente comporá parte do paraíso, mas existe outra coisa igualmente empolgante.

No Apocalipse de João, que nos conta o que o futuro guarda para o mundo, parte do paraíso é chamada de "Nova Jerusalém". A descrição oferecida pelo apóstolo João, que escreveu o livro no final do primeiro século, é, em termos estéticos, uma das mais suntuosas na Bíblia:

> Vi também a cidade santa. (...) O seu fulgor é semelhante a uma pedra preciosíssima (...) tem uma grande e alta muralha com doze portas, e junto às portas doze anjos (...) a estrutura da muralha é de jaspe; também a cidade é de ouro puro (...) os fundamentos da muralha da cidade estão adornados de toda espécie de pedras preciosas. O primeiro fundamento é de jaspe; o segundo, de safira; o terceiro, de calcedônia; o quarto, de esmeralda (...) as doze portas são doze pérolas (...) e as ruas da cidade são de ouro puro, como vidro transparente.[5]

Mesmo considerando a linguagem simbólica e a poesia do trecho, fica óbvio que João está descrevendo o lugar onde moraremos no paraíso. Ele está falando sobre uma cidade real e sólida.

E isso não faz sentido? Afinal de contas, se vamos ter nossos corpos no céus, precisaremos de um lugar para morar. Mesmo se tivermos a habilidade de caminhar através de objetos sólidos, haverá momentos que vamos querer ficar *dentro* ao invés de fora. Essa é nossa natureza enquanto seres humanos.

Portanto, o paraíso *precisa* conter uma espécie de cidade. Uma cidade surpreendentemente vasta. E dentro dessa cidade, haverá prédios e casas; e seres humanos viverão nessas casas. Conheço pessoas que não pensam no paraíso como sendo composto por quarteirões de cidade com casas, mas é assim que vai ser.

Fora o que o Apocalipse de João ensina sobre a Nova Jerusalém ser grande, brilhante e bonita, ninguém pode dizer com certeza que tipo de cidade ela será. Mas temos várias pistas nas quais basear algumas especulações empolgantes.

Sabemos, por exemplo, que Deus jamais desperdiça nada. Sabemos que quando Ele cria, cria para a eternidade. Sabemos que Ele concedeu à Humanidade o poder para criar também. Essa é uma das coisas que queremos dizer quando falamos que fomos feitos à "imagem e semelhança" de Deus. Quando humanos agem criativamente, quando construímos coisas, fazemos coisas, inventamos coisas e imaginamos coisas, estamos realmente agindo como Deus e usando plenamente o poder de Deus dentro de nós.

O que isto significa é que as coisas que fazemos nesta vida têm um valor que transcende o dia a dia. Assim como agimos como Deus quando criamos, também temos o poder divino de criar coisas perenes. O que isso significa em termos práticos é que quando criamos nossas próprias cidades, Deus pode estar nos permitindo, de alguma forma misteriosa, que edifiquemos o paraíso.

Pense que conceito extraordinário é esse. O trabalho que estamos fazendo nesta vida pode estar ajudando a criar o reino do paraíso.

As implicações para nós são impressionantes. Significa que o paraíso pode ser composto de cidades com as quais estamos familiarizados, porque moramos nelas *agora*! Como o restante da criação, elas também podem ser transformadas, mas ainda serão as *nossas* cidades. E não me refiro apenas às cidades que construímos nos últimos anos. Refiro-me a todas as cidades que foram construídas em todos os tempos por todas as pessoas. Não há motivo para que Deus permita que qualquer uma das magníficas culturas e civilizações que criamos vá para o lixo. Esse não é o estilo de Deus. Essas culturas e civilizações podem ser poeira agora, mas Deus está apenas guardando-as, esperando para dá-las de volta a nós, novinhas em folha, no paraíso. É importante compreendermos este conceito: *Deus jamais desperdiça nada.*

Imagine todas as possibilidades incríveis. Veremos a antiga Roma novamente, não em ruínas, mas em todo seu esplendor dourado. Veremos as Pirâmides e a Esfinge exatamente como eram no dia em que foram construídas. Veremos o Partenon com suas colunas de mármore e estátuas intactas. Caminharemos pelas ruas da velha Paris, ou a Florença do Renascimento, ou a China da Dinastia Ming.

Da mesma forma, gregos e romanos antigos que se levantarem dos mortos no Juízo Final verão o horizonte de Manhattan. E sim, por que o World Trade Center não pode se reerguer no paraíso de Deus? Sei que tudo isto parece incrível, mas o paraíso *é* incrível.

E apenas arranhamos a superfície. Você sabe, uma das visões mais deprimentes do mundo é um parque de diversões no inverno, vazio e silencioso. O retrato do paraíso que pintamos neste capítulo é amplo e contém uma variedade infinita de coisas para os humanos fazerem e apreciarem. Mas até agora, está desprovido de habitantes. Vamos conversar um pouco sobre as pessoas que vão residir lá... os nossos companheiros de viagem.

CAPÍTULO 4

Nossos companheiros de viagem

Anos atrás estive na Europa para comparecer a algumas reuniões. Como era uma viagem de negócios, eu estava viajando sozinho. Logo depois de chegar, recebi a notícia de que uma das reuniões fora cancelada, e subitamente tinha uma tarde inteira só para mim. Decidi aproveitar a oportunidade para passear um pouco. Estava empolgado com a perspectiva de passar algum tempo sozinho — fazendo o que quisesse fazer, agindo no meu próprio ritmo. Era uma aventura, e eu me sentia como um personagem de um romance de Hemingway, perambulando sozinho pelo mundo e me divertindo muito.

Porém, em algum momento do dia, notei uma coisa surpreendente. Não estava me divertindo tanto assim. Sempre que via alguma coisa interessante, pensava "Minha esposa adoraria ver isto", ou "É uma pena que meus irmãos não estejam aqui para ver aquilo". Quando parei num adorável café ao ar livre diante da fonte de Trevi, pensei que seria fantástico comer um espaguete delicioso regado a um excelente vinho tinto. Mas enquanto estava sentado ali naquele maravilhoso dia ensolarado, olhando para aquela fonte incrível, ouvindo todas as pessoas felizes à minha volta, um único pensamento ecoava em minha cabeça: *Queria que minha esposa estivesse aqui.*

Isto já aconteceu com você? Já esteve sozinho e disse para os seus botões: "Preciso voltar aqui com Fulano de Tal", ou "Não posso acreditar que meu amigo não está aqui neste momento para aproveitar isto"? Já esteve num lugar bonito e percebeu que não estava se divertindo muito, que a experiência de algum modo era *incompleta,* porque estava lá sozinho? Se isso já lhe aconteceu, então você entendeu uma necessidade humana básica: a necessidade de compartilhar tempos bons com pessoas que ama.

Não estou dizendo que não seja possível se divertir quando está sozinho. Claro que é. Os seres humanos também têm uma necessidade de solidão... pelo menos ocasionalmente. Às vezes, precisamos ficar sozinhos para preservar nossa sanidade; às vezes precisamos apenas aproveitar o momento para ter nossos pensamentos em silêncio e desfrutar da solidão.

Mas no alto da hierarquia dos desejos humanos figura a necessidade de companhia e união. Em sua mais alta expressão, chamamos isso de amor. Os seres humanos necessitam disso para ser felizes. Fomos feitos assim. Outra maneira de dizer isso é que somos, por natureza, criaturas sociais.

Como podemos saber disto com certeza? Bem, a primeira evidência nos foi oferecida bem no início da história humana.

Mesmo se você não acreditar na interpretação literal do Gênesis, o fato é que um dos pontos principais da história é que Deus criou a primeira mulher — Eva — porque o primeiro homem estava *solitário*. Deus não suportou ver Adão sozinho.[1]

Mas a questão é mais profunda do que isso. Dissemos anteriormente que os seres humanos são feitos à imagem e semelhança de Deus.[2] Você sabia que o próprio Deus é um ser "social"?

Se você é cristão, já leu na Bíblia e ouviu na igreja que Deus é "Pai, Filho e Espírito Santo". Cristo se referiu a esse relacionamento muitas vezes durante sua missão na Terra. Chamamos isto de o mistério da Santíssima Trindade. Embora as várias igrejas cristãs discordem em vários pontos, todas estão de acordo com esta doutrina central da fé: Deus é *um*, mas ao mesmo tempo, ele é *três*.[3]

Este é um ponto importante para compreender. Os cristãos acreditam que existe apenas um Deus verdadeiro. E esse Deus verdadeiro é feito de uma *substância*, se você quiser chamar assim. Em todos os sentidos da palavra, Deus é um único ser. Mas Ele também é, em algum sentido que não podemos compreender plenamente, *três pessoas distintas dentro de um único ser.*

Se você não compreende isso, não se preocupe, porque está em boa companhia. Por dois mil anos, teólogos meditaram sobre essa verdade bíblica. E há centenas de livros excelentes que tentam dar-nos um melhor entendimento do relacionamento entre as "pessoas" que compõem o Deus "único".

Obviamente, está fora dos objetivos deste livro o estudo desse grande mistério. O ponto que precisamos compreender é que o próprio Deus é uma *pluralidade dentro de uma unidade.* O próprio Deus — por sua própria natureza — é uma *família*. Ele tem dentro de si vários *relacionamentos*. Ele não é *solitário*.

Como isto se relaciona com o paraíso?

Bem, se Deus é um ser social, e se somos feitos à imagem e semelhança de Deus, então nós também, por extensão, somos seres sociais. Não fomos criados para viver uma existência solitária, aqui ou no próximo mundo. Portanto, quando finalmente chegamos ao lugar mais feliz de toda a criação, faz algum sentido que tenhamos de passar nosso tempo lá sozinhos?

Uma parte considerável da felicidade e do prazer aos quais estamos destinados a experimentar no paraíso não virá de nossos incríveis corpos novos, ou dos fantásticos ambientes novos. Ela virá das *pessoas* com quem estaremos, os nossos companheiros de viagem.

A maioria dos agentes de turismo não comenta sobre as pessoas que irão nos acompanhar numa viagem. É assim porque não há como saber quem exatamente viajará conosco numa determinada viagem. Mas é nesse ponto que este livro de viagem difere. Porque a viagem que faremos para a vida depois da morte não se limita a uma pessoa ou família. Pelo contrário, todos nós — e isso significa bilhões de pessoas através do amplo alcance da História — estamos destinados a realizar a "viagem final" juntos.

Como reza o ditado, estamos todos no mesmo barco. Não importa quem seja, não importa se acredita em Deus ou não, se é bom ou mau — você vai vivenciar a ressurreição e o Juízo Final. Espero que quando chegar ao seu destino final você se hospede num hotel no paraíso! Mas qualquer que seja o caso, você vai para *algum lugar* com o seu corpo novo em folha — e não será o vazio negro do nada, como acreditam os ateus.

O cristianismo sempre ensinou que em um determinado dia na História, cuja data é conhecida apenas por Deus, o mundo chegará ao um fim e haverá um Juízo Final, durante o qual as almas de todos os falecidos serão julgadas segundo sua vida na Terra. Nesse julgamento, eles serão reunidos aos seus corpos, e passarão a eternidade ou no paraíso, com Deus, ou naquele lugar desagradável lá embaixo chamado inferno, sobre o qual nenhum de nós gosta de falar muito.

Quando pensamos neste assunto como um todo, muitas imagens sombrias e assustadoras nos vêm à mente. Alguns amigos me contaram que já tiveram pesadelos com a ressurreição. Nesses pesadelos, eles viram sepulturas se abrindo, e pessoas com ternos rasgados sobre os corpos apodrecidos emergindo das covas. Se você não tomar cuidado, pode conceber a ressurreição como uma cena de um filme de terror classe B.

Bem, você acha que esse é o tipo de começo repugnante que Deus tem em mente para a inauguração do paraíso? Acha que a primeira coisa que Deus fará depois de nos devolver os nossos corpos será nos matar de medo?

Vou lhe contar exatamente como a ressurreição vai ser. No Evangelho Segundo Marcos, há uma cena maravilhosa na qual Cristo traz uma menina de doze anos de volta da morte.[4] Começa na casa da menina que morreu. A mãe e o pai da menina estão compreensivelmente inconsoláveis, e a família está completamente deprimida. Em meio à confusão, Cristo diz calmamente aos pais para não ficarem tristes, porque a menina "não está morta, mas apenas dormindo".

Você pode imaginar a raiva que este comentário causa nas pessoas reunidas ali. Eles começam a gritar com Cristo. Afinal de contas, de onde veio esse desconhecido maluco dizendo que a criança não está morta? Como ele ousa levantar seus ânimos dessa forma? O que está tentando fazer com eles? A reação de Cristo é simplesmente ordenar que todos saiam, com exceção da mãe, do pai e de seus próprios discípulos. Cristo senta-se ao lado da menina morta e gentilmente segura sua mão. Então ele diz baixinho para ela: *Levanta, menininha.*

Imediatamente a menina abre os olhos e começa a se mover.

É assim que a nossa própria ressurreição será. Não será repugnante, com música assustadora tocando ao fundo enquanto nossos túmulos se abrem. Quando levantarmos dos mortos, a experiência vai ser suave, gentil e *instantânea*, exatamente como a cena na Bíblia. No fim do mundo, Cristo vai simplesmente sussurrar uma palavra solitária, *levanta*, e num piscar de olhos todos voltaremos à vida com nossos corpos completamente intactos e novinhos em folha.[5] E quando abrirmos nossos olhos naquele momento e olharmos em torno, não veremos uma só lápide. Por quê? Por que não há cemitérios no paraíso.

Sente dificuldade em acreditar nisso? Algumas pessoas relutam em aceitar o fato de que depois que estiverem mortas e enterradas poderão ser trazidas de volta à vida. Elas se perguntam como Deus vai "juntar as peças", principalmente depois que seus corpos tiverem sofrido decomposição ou se tiverem sido cremados. Bem, deixe-me fazer uma pergunta simples. Onde você estava exatamente há cem anos? Para a maioria das pessoas, a resposta é: em lugar nenhum. Você não tinha um corpo; não tinha uma alma. Você não existia.

Bem, se Deus conseguiu tirá-lo da inexistência e criar a pessoa que você é, com todas as suas características, todas as suas emoções, e todas as suas experiências, por que seria tão difícil para Ele trazê-lo de volta à vida depois que você já existe? Comparado ao extraordinário ato da criação, a ressurreição é sopa no mel.

É importante compreender que esta crença que temos na ressurreição reside no âmago do cristianismo. É o que toda a adoração, todas as súplicas, todas as preces, todos os atos de devoção, todas as práticas da religião significam. É a boa notícia que é proclamada nos evangelhos. É o significado da Páscoa. É o motivo pelo qual os mártires através dos séculos aceitaram alegremente o sofrimento e até mortes torturantes. É o motivo pelo qual os cristãos hoje podem suportar ser tratados com escárnio e desprezo por uma sociedade que desdenha de seus valores.

Seria muito fácil não acreditar na ressurreição. Afinal de contas, muitas pessoas no mundo não acreditam. Algumas religiões, por exemplo, ensinam que a vida é *cíclica*, e que temos muitas chances de girar no carrossel da existência. Elas acreditam que quando morremos, precisamos voltar à vida em outra forma, como um peixe ou um inseto, e que devemos continuar voltando até *acertarmos*. Outras religiões ensinam que depois de morrermos nos tornamos parte da natureza; parte de uma grande e invisível força de energia. Outras ainda são obscuras quanto ao que elas acreditam sobre a vida após a morte.

Não o cristianismo. Se há uma coisa da qual temos certeza, é a respeito da morte e da ressurreição. Acreditamos com plena convicção que: 1) fomos criados do nada; 2) *vivemos apenas uma vez* e morremos apenas *uma vez*; 3) depois que completamos nossa vida na Terra somos julgados por Deus; e finalmente, 4) experimentamos a ressurreição de nossos corpos *e vivemos para sempre* — ou no paraíso ou no inferno.[6]

Essa é a história inteira de nossa existência. É a isso que tudo se resume. Em sua primeira carta aos Coríntios, São Paulo sintetizou esta crença sólida como rocha que temos na ressurreição:

> Como podem alguns dentre vós afirmar que não há ressurreição dos mortos? Se não há ressurreição dos mortos, então Cristo não ressuscitou (...) E se Cristo não ressuscitou, é vã a nossa pregação e vã a vossa fé, e ainda permaneceis nos vossos pecados. (...) Porque se a nossa esperança em Cristo se limita apenas a esta vida, então somos os mais infelizes de todos os homens. (...) Se os mortos não ressuscitam, "Comamos e bebamos, que amanhã morreremos".[7]

Essa é a força de nossa fé na ressurreição. Sem ela, simplesmente não existe uma religião cristã.

Agora, o que tudo isto significa em termos práticos para a nossa vida no paraíso? Simplesmente isto: vamos rever todas as pessoas que conhecemos e amamos que morreram. Se está lendo isto agora e a sua mãe morreu, fique descansado porque irá vê-la novamente. Se o seu pai morreu, irá vê-lo novamente. Se os seus irmãos ou irmãs morreram, irá revê-los. Contanto que esses entes queridos tenham conseguido entrar no paraíso, nós vamos rever *todos* eles.

Esta nossa crença foi declarada com tanta freqüência e naturalidade que quase perdeu seu poder emocional. Precisamos parar e pensar sobre isso. É essencial visualizar na mente a *cena* que acontecerá no paraíso no primeiro dia da sua chegada. É importante ver todos os detalhes, imaginar todas as imagens, sons e sensações. Você precisa tornar essa cena bem real, porque ela vai ser real. O problema para nós, humanos de mente fraca, é que caímos facilmente no hábito de visualizar o paraíso de uma forma esmaecida e sem vida. É fácil desprezarmos nossos desejos mais profundos como meras "fantasias". Não podemos permitir que isso aconteça, porque não é verdade; o paraíso não é uma fantasia.

O cristianismo não sobreviveu por dois milênios baseado em fantasias. As primeiras famílias cristãs que foram jogadas aos leões não enfrentaram suas mortes horríveis cantando por causa de fantasias. Os grandes santos que ao longo da História sofreram martírios não o fizeram em nome de fantasias. Todos foram capazes de viver e morrer corajosamente porque sabiam que a ressurreição era um *fato*. Não podemos nos permitir esquecer o que eles sabiam tão bem.

Vamos avançar para o futuro por um momento. Pense no que discutimos nos últimos capítulos, e agora, tente tornar essas coisas reais. Feche os olhos e se esforce ao máximo para tornar a experiência do paraíso *pessoal*.

Você sabe que quando se reencontrar com seus amigos e parentes lá algum dia, irá vê-los *em carne e osso*. Será capaz de reconhecê-los e eles serão capazes de reconhecer você. Imagine como será esse primeiro momento — o primeiro instante em que vir sua mãe, seu pai, seu marido, ou sua avó. Talvez não os veja há muitos anos, e agora ali estão eles, parados a poucos metros de você. Como acha que será a sua reação?

Lembre-se, você terá o seu corpo no paraíso, de modo que não ficará restrito a meramente contemplá-los ou rezar por eles. Poderá interagir fisicamente com eles. Poderá correr até eles e pular em seus braços, abraçá-los ou beijá-los.

Será capaz de gritar de alegria quando abraçar seus parentes. Sentirá novamente o calor de seus corpos. Ouvirá suas *vozes*... vozes que não escutava há muito tempo.

Poderá conversar com eles, contar o que aconteceu na sua vida desde a última vez em que os viu. Será capaz de novamente ouvi-los rir e vê-los sorrir, segurar suas mãos e apertá-las com força, e pousar a cabeça em seus ombros.

O melhor de tudo, será capaz de *estar* com eles novamente. *É isso* que a ressurreição significa. A Bíblia descreve o paraíso como um *banquete*.[8] Bem, isso é o mesmo que dizer que Deus vai dar uma grande festa para nós! Significa que haverá muita gente, muita família, muitos risos, muita conversa, muita música, muita união, muito barulho.

Haverá eletricidade no ar naquele primeiro dia no paraíso. Pessoas que não se viam há anos vão se reunir. E estarão jovens novamente! Pessoas que nasceram cegas abrirão os olhos pela primeira vez e verão os rostos dos entes queridos. Pessoas que foram aleijadas e deformadas correrão pelas ruas. Pessoas que sofreram doenças debilitadoras durante sua vida inteira na Terra ficarão mais vibrantes, robustas e saudáveis do que o maior atleta olímpico.

Imagine a intensidade emocional dessa experiência. Imagine o rio de lágrimas que vai correr. Imagine o quanto vai ser *barulhento*, com todos aqueles bilhões de pessoas rindo, gritando, falando e brincando. Vai ser uma cena digna de ser assistida.

Algumas pessoas não conseguem imaginar nosso Deus Todo-Poderoso promovendo um baile cheio de diversão como o que descrevemos. Que ridículo! Deus também é *todo amor*, e sabendo o quanto ele gosta de ver-nos felizes, você realmente acha que ele vai nos deixar perder um momento como esse? De jeito nenhum.

E a melhor coisa de tudo isso é que depois que tivermos experimentado essas primeiras horas, essa primeira reunião eufórica, teremos completado apenas nossa primeira manhã no paraíso.

CAPÍTULO 5

Até que a morte nos separe?

Uma das coisas mais agradáveis que pode nos acontecer quando estamos numa viagem, é conhecer outros turistas e fazer amizades com eles. É muito mais fácil fazer isso num cruzeiro, quando nos encontramos com as mesmas pessoas todas as noites. Mas pode acontecer em qualquer parte, especialmente se tendemos a ser sociáveis. Algumas vezes — embora não com freqüência — podemos até formar relacionamentos que duram mais do que uma viagem específica. Conheço dois casais que viajam juntos há mais de vinte anos. Tudo porque iniciaram uma amizade em certo dia de verão enquanto observavam seus filhos brincarem numa piscina de hotel.

É maravilhoso quando esses tipos de relacionamentos de longa duração se formam. E é natural que nos perguntemos que tipos de relacionamentos vamos experimentar em nossas férias eternas.

Conforme vimos no último capítulo, o ensinamento sobre a ressurreição do corpo é uma das doutrinas mais consoladoras da fé cristã. É uma grande novidade para todos nós que ou temos medo da morte ou que sentimos uma saudade terrível de amigos e parentes que partiram antes de nós. Mas isso também pode nos deixar nervosos, especialmente com respeito à noção dos relacionamentos depois da ressurreição. Afinal de contas, nossos corpos sofrerão algumas mudanças realmente incríveis. Existe alguma chance dessas alterações afetarem os laços que formamos aqui na Terra?

Acho que grande parte da apreensão que sentimos sobre este tópico provém de uma interpretação equivocada de uma coisa que Cristo disse na Bíblia. Os Evangelhos de Mateus, Marcos e Lucas relatam um incidente interessante em relação aos saduceus, uma seita judaica que não acreditava na ressurreição.[1] Em dado momento, membros da seita tentaram confundir Jesus perguntando-lhe uma coisa sobre a vida após a morte. Os saduceus contaram-lhe uma história sobre uma mulher que tinha se casado sete vezes com sete maridos diferentes, e cada um deles havia morrido. Com que marido, perguntaram, a mulher seria casada no paraíso? Jesus responde isso dizendo que *ninguém* será casado no paraíso, que o casamento é feito para durar apenas durante nossa vida neste mundo.

É possível ficar um pouco irritado com esta história. Afinal de contas, e se nós gostamos de nosso casamento? E se passamos trinta, quarenta ou cinqüenta anos com nosso cônjuge e compartilhamos milhares de lembranças maravilhosas com ele — lembranças de sermos jovens e comprarmos uma casa juntos; de ter filhos; de desfrutar de feriados e férias na companhia um do outro; de ver as crianças crescerem e casarem; de sermos novamente apenas duas pessoas sozinhas, uma cuidando da outra? Tudo isso se perde para sempre depois que morremos?

E já que tocamos no assunto, se não vai haver nenhum casamento na vida após a morte, que outros tipos de relacionamentos Deus tenciona apagar? Isso significa que não haverá pais e mães no paraíso... nem avós, irmãos, tios e primos? Se você acredita que o relacionamento mais importante para você na vida vai terminar no momento em que morrer, isso por si só indica que a sua imagem do paraíso é muito deprimente.

É uma pena que você pense assim, porque nossos relacionamentos no paraíso serão fabulosos! Tudo que Jesus disse foi que não haveria *casamento* algum no paraíso. Antes de chegarmos a conclusões apressadas, vamos examinar a instituição do casamento e ver se podemos entender por que Jesus disse que ela não existirá na vida após a morte.

Sabemos que as pessoas se casam por muitos motivos — amor, paixão, romance, companheirismo etc. — e todas essas coisas são motivações boas e dignas. Mas freqüentemente esquecemos que um dos propósitos principais do casamento — na verdade um dos motivos para Deus tê-lo criado — *é nos ajudar a chegar ao paraíso.*

Unindo duas pessoas como uma, Deus nos brinda com um assistente vitalício que pode nos ajudar a superar todos os obstáculos, desafios e sofrimentos que precisamos enfrentar neste mundo.[2] A assistência em si provém da prática do *amor verdadeiro*.

Quanto à palavra amor, hoje em dia ela é mal compreendida. Ela foi tão diluída e trivializada que agora não significa praticamente nada. Amor *não* é sinônimo de sentimentos carnais. Não diz respeito a dois adolescentes amorosos se fitando nos olhos numa noite enluarada na praia para em seguida tirar as roupas um do outro. Por mais intensas que possam ser suas declarações de amor, esta atividade se enquadra na categoria da paixão.

O *amor verdadeiro* tem apenas uma definição: *doar-se com altruísmo e sacrifício pessoal.* É acordar às quatro da manhã quando o bebê está chorando e alimentá-lo para que a sua esposa possa dormir; é deixar seu marido sair numa noite de segunda para jogar futebol com os amigos ao invés de insistir para que ambos fiquem em casa assistindo à novela; é levar sua esposa para jantar e dançar no fim de semana quando na verdade o que queria era ficar sentado na frente da TV zapeando com o controle remoto. É fazer todas as coisas que não quer fazer em benefício da outra pessoa. É colocar os desejos, necessidades e carências dessa outra pessoa à frente das suas.[3]

Quando você ama o seu cônjuge com um espírito de doação altruísta, está imitando Cristo, porque esse é exatamente o tipo de amor que ele demonstrou por nós. "Este é meu corpo", disse Cristo na noite antes de ser crucificado, "entregue a vós."[4] Tenho certeza de que não foi uma experiência agradável ser pregado numa cruz, mas Cristo suportou o sofrimento para que um dia desfrutássemos da ressurreição e do paraíso. Sacrificando-se, Cristo colocou os *nossos* interesses à frente dos dele.

O casamento nos oferece uma profusão de oportunidades para exercer o mesmo tipo de amor cristão. (Todos nós que somos casados podemos atestar este fato!) Se seguirmos nossos votos de casamento, não temos escolha senão nos tornarmos mais santificados. E quando estamos santificados, estamos na via expressa para o paraíso.

Ter filhos é o outro motivo para Deus ter inventado o casamento.[5] Um marido e uma mulher fazem amor e com a ajuda de Deus criam outro ser humano. Deus oferece ao novo bebê uma alma; e os pais oferecem ao novo bebê um corpo (isto também com a ajuda de Deus, claro). Juntando-se no ato da criação, o casal se torna mais semelhante a Deus. Além disso, eles ajudam a povoar a Terra com pessoas, e assim *povoar o paraíso*. E as próprias crianças nos oferecem as maiores oportunidades para praticarmos o amor com sacrifício pessoal. Podemos dizer que as milhares de formas diferentes segundo as quais as mamães e os papais colocam as vidas de seus filhos antes das suas próprias é a essência do relacionamento inteiro.

Todas essas coisas ajudam a semear uma maior santidade, e assim abrir uma trilha direta para nós até o paraíso. Na análise final, este é o padrão verdadeiro segundo o qual podemos julgar se um casamento pode ou não ser bem-sucedido. A definição de um grande casamento é aquele que conduz tanto marido quanto esposa para o paraíso.

Contudo, depois que esse objetivo é atingido, e finalmente chegamos em segurança ao paraíso, não há mais necessidade para o "casamento". O casamento já terá servido ao seu propósito. E é aqui que alguns de nós ficamos preocupados.

É difícil passar sua vida com alguém e então enfrentar a perspectiva de não "partir" com ele ou ela depois da morte. A despeito do que Jesus disse, não podemos resistir a perguntar: Deus não disporá de meios para salvar o relacionamento?

Claro que sim! Na verdade, nunca houve realmente nenhum motivo para preocupação, porque embora a estrutura, a instituição e o sacramento do casamento não sejam mais necessários na paraíso, o *relacionamento* entre as duas pessoas continuará para sempre. Podemos comparar isso a um jogo de tênis entre dois amigos. Quando estão jogando na quadra, nós os chamamos de parceiros de tênis. Eles se vestem uniformemente, usam um equipamento padronizado, seguem regras, permanecem dentro de limites geográficos preestabelecidos. Porém, depois que o jogo termina, eles saem da quadra e deixam de ser parceiros de tênis. Mas isso não significa o fim de seu relacionamento. Não significa, por exemplo, que eles tenham de entrar em seus respectivos carros e seguir caminhos separados. Não significa que deixem de conhecer e amar um ao outro.

Na verdade, os dois podem até ter um relacionamento mais profundo *fora* da quadra de tênis.

É isso que acontece com os casais casados no paraíso.

Vamos reconhecer nossos maridos e esposas no paraíso? É claro! E sim, vamos ter relacionamentos com eles. Serão os mesmos tipos de relacionamentos que eram aqui na Terra? Não. Mas eles serão especiais e únicos. Como poderia ser de outra forma? Compartilhamos todas aquelas lembranças maravilhosas com eles; e, além disso, nos ajudaram pessoalmente a chegar ao paraíso. Você não acha que Deus levará isso em consideração?

Parte da confusão que temos a respeito disso provém de um desentendimento sobre a forma que vamos amar os outros na vida após a morte. Ouvimos dizer com tanta freqüência que Deus é amor e que o paraíso será cheio de amor, que pensamos que as emoções humanas serão as mesmas do outro lado. Visualizamos o paraíso como sendo cheio de criaturas semelhantes a robôs que perambulam "amando" a todos e a tudo da mesma forma. Mas a verdade é que haverá diversos níveis de afeto na vida após a morte. O amor no paraíso será universal, não comunista.

O próprio Cristo tentou demonstrar isso para nós. Lembra do Evangelho de João, quando o evangelista tantas vezes se refere a si mesmo como "discípulo a quem Jesus mais amava"?[6] O que ele quis dizer com isso? Eu costumava pensar que João estava sendo um pouquinho arrogante e presunçoso. Afinal, Jesus não amava a todos?

Demorei a compreender que João não estava se vangloriando. Ele se orgulhava justificadamente de uma coisa que era verdade. Claro que Jesus amava todos os apóstolos. Mas Ele nutria um *afeto emocional* maior por João. Não há nada errado com isso. Seres humanos fazem isso o tempo todo. Pintores e músicos sempre tiveram afeto especial por um trabalho específico que eles criaram. Charles Dickens, por exemplo, amava todos os personagens em seus romances e histórias, mas seu favorito sempre foi David Copperfield.

Bem, Deus tem todo o direito de também ter favoritos entre suas criaturas...

Mas ter favoritos não significa que você seja um adepto do favoritismo. Amar alguém com intensidade emocional maior não significa que você não ame a *todos*. Os pais compreendem isso melhor do que qualquer um. Você pode ser particularmente "próximo" de um dos seus filhos, mas isso não significa que não daria a vida por todos eles.

Jesus parece ter *gostado* mais de João do que dos outros apóstolos. Na noite antes da crucificação, João foi o privilegiado que recebeu permissão para pousar a cabeça no peito do Senhor, confortando-o antes de sua agonia no calvário. Obviamente, os dois partilhavam um vínculo íntimo como amigos. Mas isto não impediu Cristo de nomear Pedro — depois de sua notável declaração de fé — a "rocha" sobre a qual ele construiria sua igreja.[7] Pedro provavelmente possuía certas qualidades de liderança das quais João carecia. Jesus levou isso em conta, a despeito de seu afeto por João. E embora Cristo, sendo verdadeiramente humano, tenha formado certos laços e relacionamentos com pessoas específicas, isso não o impediu de, como nosso pai divino, sacrificar sua vida por *todas* as pessoas.

Meu objetivo aqui é expressar que embora certamente haverá uma nova "fraternidade de homens" no paraíso, isso não impedirá que ocorram relacionamentos especiais entre indivíduos. É imperativo compreendermos isto. Lembranças felizes não se perderão no paraíso; laços de família não serão rompidos; a intimidade não cessará. Pelo contrário, amizades formadas na Terra continuarão para sempre, porque laços de amor e afeto são eternos. Os sentimentos de compromisso que temos agora não serão diluídos no paraíso.

Lembre, Deus jamais desperdiça nada. Ele não descarta materiais, espíritos ou *relacionamentos*.

Os relacionamentos que possuímos agora mudarão no paraíso? Claro que mudarão, pelo menos até certo ponto, porque a dinâmica da vida celestial é diferente da dinâmica da nossa existência terrena. Em primeiro lugar, eles serão muito mais profundos do que são agora. Como assim?

Na Terra, as coisas boas e ruins nas pessoas estão muito misturadas. Ficamos mal-humorados, deprimidos e belicosos por qualquer motivo, e é difícil para outras pessoas saberem como lidar conosco. Além disso, existem tantas forças externas pressionando-nos numa base diária — contas, problemas com o carro, problemas profissionais, problemas com nossos filhos —, que não conseguimos evitar brigas uns com os outros. No paraíso, estaremos em nosso melhor estado emocional o tempo todo, e nosso único problema será decidir que coisa empolgante fazer em seguida. Isto eliminará as tensões que pesam sobre nossos relacionamentos.

Na Terra, raramente compreendemos todas as razões psicológicas que instigam nosso comportamento negativo. Quando pessoas que nos são próximas fazem coisas ruins conosco, ficamos zangados e criamos animosidades. Mesmo em nossos relacionamentos mais maravilhosos, temos cicatrizes deixadas por mágoas passadas. No paraíso, Deus revelará todas as nossas motivações internas. Saberemos por que pessoas que amamos agiram de certas formas que nos feriram. Veremos claramente que nossos entes queridos fizeram essas coisas conosco porque estavam inseguros, ou porque também estavam magoados, ou devido a alguma coisa que lhes aconteceu em sua infância. Assim, muitas das coisas que não são comunicadas agora serão compreendidas claramente no paraíso. E pela primeira vez também veremos nitidamente as *nossas próprias* fraquezas. Quando percebermos o quanto Deus nos perdoou, os pecados que outros cometeram contra nós parecerão triviais.

Entenda, por mais que você ame uma pessoa em particular aqui na Terra, ainda olha para ela através de uma janela suja. Nossas psicologias, nosso ambiente, nossas experiências passadas e nossas fraquezas ficam no caminho para criar uma barreira entre nós. Vemos o suficiente da outra pessoa para amá-la, mas essa é uma visão distorcida. Por mais que *pensemos* conhecê-la bem, não podemos vê-la com clareza, e ela também não.

Porém, quando chegarmos ao paraíso, a janela parecerá não apenas que foi limpa, mas que foi removida completamente. Qualquer animosidade latente que carregamos em nossos corações serão obliteradas para sempre. É por causa disso que os relacionamentos que tivermos na vida após a morte serão mais profundos e melhores do que nunca.

Neste sentido, as pessoas costumam se perguntar se existirá sexo no paraíso. Afinal, se o paraíso é tão físico quanto o descrevemos, não faz sentido que possamos amar uns aos outros de uma forma física?

Ninguém sabe respoder a essa pergunta com certeza. Por um lado, sabemos que a sexualidade humana — quando ocorre dentro dos laços de um casamento legítimo — é bela e aprazível, e nos possibilita compartilhar o poder de criação de Deus. Todas as igrejas cristãs acreditam que o sexo é *sagrado*, e não maligno... e que ele é uma dádiva de Deus. (Sabemos que ele vem de Deus pelo simples motivo que os seres humanos não inventaram nada nem remotamente tão bom!)

Também sabemos que Deus jamais desperdiça nada de bom, de modo que os prazeres que os humanos derivam da sensualidade serão de alguma forma mantidos no paraíso. Entretanto, como não haverá casamentos no paraíso, nem a necessidade de crianças, temos um dilema. Deus certamente não vai querer *banalizar* a dádiva do sexo permitindo que o usemos com parceiros aleatórios, indiscriminadamente. Ele não gosta que isso seja feito aqui, e certamente não vai gostar que seja feito no paraíso.

Existem apenas duas respostas possíveis. Ou Deus encontrará uma forma para retermos as sensações aprazíveis e as qualidades comungantes inerentes ao ato sem a pecaminosidade que acompanha o sexo fora do casamento na Terra — ou encontrará alguma coisa melhor para colocar em seu lugar.

Agora, o que pode ser melhor do que sexo, em termos de prazer físico?

Não sei, mas, ora bolas, não sou Deus. As pessoas que desconsideram a possibilidade do sexo no paraíso costumam citar como exemplo o menininho que quer apenas brincar com seus videogames. Quando você diz a ele que um dia ele vai perder todo o interesse nesses prazeres infantis e preferir coisas como livros, trabalho e garotas, o menininho faz uma careta de descrença. *Garotas? Argh!*

E mesmo assim sabemos muito bem o que acontece quando esse menininho alcança a puberdade. Pode ser a mesma coisa conosco no paraíso. Deus pode ter alguma coisa planejada para nós que esteja acima do sexo da mesma forma que garotas estão acima do Nintendo.

Todos nós vamos descobrir, muito em breve. Saberemos a resposta para essa questão sobre o sexo no paraíso, e saberemos exatamente como nossos relacionamentos diferirão daqueles que temos na Terra. Mas qualquer que seja a nossa descoberta, o ponto principal é que os relacionamentos em si permanecerão intactos.

Daqui a dez bilhões de anos, sua mãe ainda será a sua mãe — e será capaz de conversar com você de modo que apenas uma mãe pode conversar com o filho. Daqui a dez bilhões de anos, os seus irmãos ainda serão seus irmãos, e você ainda terá com eles aquela camaradagem que só ocorre entre irmãos. Daqui a dez bilhões de anos, você será capaz de se reunir em torno de uma mesa para comemorar o Dia de Ação de Graças com sua família, da mesma forma que fazemos agora e que foi feito tantas vezes no passado.

A diferença real será que quando você participar desse jantar de Ação de Graças no paraíso, todos os que você lembra da sua infância estarão lá. As pessoas que costumavam sentar-se à mesa mas que, uma a uma, deixaram você, continuam ali, redivivas e sorrindo para você.

À luz dessa verdade incrível, outras diferenças não significam tanto, afinal de contas.

CAPÍTULO 6

É permitida a entrada de cães?

Como estamos descrevendo o paraíso como uma estância de férias com tudo incluído, parece justo perguntar: será permitida a entrada de animais de estimação?

Seria difícil superestimar a importância dos animais — particularmente dos bichos de estimação — em nossas vidas. Eles nos fazem companhia quando nossos familiares e amigos nos deixam; são leais quando todo mundo mais nos deserda. São nossos companheiros, protetores, camaradas e confidentes. Ninguém — nem mesmo nossos cônjuges — fica mais feliz em nos ver quando retornamos para casa depois de um dia de trabalho duro. Certo ou errado, às vezes preferimos a companhia de nossos cães e gatos à de outras pessoas.

Claro que *queremos* que os animais estejam conosco no paraíso. Não podemos nos imaginar lá, perfeitamente felizes e sem eles.

E mesmo assim, durante toda a história da teologia, tem-se questionado sobre o destino final dessas criaturas maravilhosas. Alguns escritores espirituais chegaram mesmo a dizer que não acreditavam que animais *pudessem* ir para o paraíso. E embora nenhuma igreja cristã tenha aceitado conclusivamente suas asserções, sempre houve um certo debate em torno do assunto. O argumento apresentado pelos teólogos cépticos é de que os animais não são feitos à imagem e à semelhança e Deus, e portanto não possuem almas imortais. Segundo essa forma de pensar, apenas seres humanos nasceram para a eternidade. Afinal de contas, foi por causa disso que Cristo morreu por nós. Se animais fossem capazes de viver para sempre, nosso valor intrínseco seria um pouco reduzido. O lugar especial reservado para nós desde o início dos tempos seria ameaçado.

Mas sabe de uma coisa? Os teólogos que defendem esse argumento são como matemáticos brilhantes que formulam equações brilhantes e então respondem errado às perguntas simples! Eles estão corretos sobre o cálculo da religião, mas erram numa soma simples.

Nossos animais de estimação poderão entrar no paraíso? É claro que sim! A questão que os teólogos deveriam estar respondendo é: por que não?

Afinal de contas, Deus pode fazer tudo que quiser. Esse é o ponto fundamental da teologia. O Todo-Poderoso Criador do universo, fabricante do sol, da lua e das estrelas, não é contido por limites; ele não é restrito a agir dentro dos cerceamentos de um silogismo, ou qualquer outro constructo lógico criado por humanos. Argumentar que a alma que os animais possuem não é feita de substância "imortal" não é concernente à discussão. O que conta é o poder absoluto de Deus e seu desejo irrefreável de nos fazer felizes.

Portanto, se Deus quiser ser generoso com *todas* as suas criaturas, isso é a prerrogativa Dele. Se Ele quiser permitir aos animais viverem no paraíso, então os animais *entrarão* no paraíso. Ponto final.

A noção de que nossa existência será banalizada se os animais receberem permissão de viver para sempre é absurda! A Bíblia deixa claro que haverá uma vegetação luxuriante no paraíso. Bem, Cristo obviamente não morreu na cruz para salvar a vegetação. Mas isso não irá impedi-lo de encher o paraíso com matas para que os seres humanos possam ser mais felizes lá.

Você acha que Deus vai deixar que algum arbusto experimente a vida eterna e recusará a mesma dádiva para um cachorrinho? Isso é consistente com a forma pela qual Deus age? Só porque fomos criados à imagem de Deus e os animais não foram, não significa que Deus não possa dar aos animais *permissão especial* para compartilhar da eternidade conosco, assim como dará permissão especial para as árvores, as folhas, a grama e as flores. Elas também não possuem almas imortais, mas ainda assim fazem parte da criação de Deus. E, como já dissemos muitas vezes, Deus não descarta nada que Ele cria.

Mas, não pense que estou criando algum argumento bobo de que qualquer coisa que pareça "boa" para mim, no sentido subjetivo, terá vida eterna. Posso imaginar algumas pessoas argumentando que como o grande prazer de sua vida foi a maconha, e como Deus criou o cânhamo, elas podem esperar passar a eternidade doidões. Existem muitas atividades aprazíveis que podemos desfrutar agora que não são "boas", mas são, na verdade, extremamente pecaminosas. Nem é preciso dizer que elas não terão espaço na próxima vida. No paraíso, haverá uma erradicação total de todos os pecados.

Mas os animais não são pecaminosos. Na verdade, todas as evidências apontam para o fato de que eles têm um lugar especial no coração de Deus. (O Salmo 36 diz claramente: "Tu, Senhor, preservas os homens e os animais.")[1] Basta olhar como ele os usou tantas vezes na História do mundo para revelar seu plano divino. Você sabia que existem mais de *cento e vinte* espécies de animais citadas na Bíblia? Tudo que você precisa fazer é folhear a Bíblia e ler sobre pássaros, camelos, raposas, cavalos, leopardos, leões e pardais. Eles aparecem em toda parte.

Lembre da primeira cena da Natividade. Além dos pais de Jesus, as únicas criaturas vivas presentes neste momento muito solene da história da humanidade foram os animais no estábulo. Tenha em mente que isto foi a coisa mais extraordinária que já aconteceu à humanidade; Deus realmente se tornou um de nós. E ainda assim, os únicos seres vivos que receberam permissão para testemunhar o evento foram vacas e ovelhas.

Agora vamos voltar ainda mais no passado. Vamos voltar para o momento na história em que Deus condenou nosso planeta, o momento em que ele destruiu a vida na Terra e matou todos os seres humanos, com exceção de uns poucos. Lembra da história de Noé? Bem, quais foram as únicas criaturas — além de Noé e sua família — que Deus julgou merecedoras de salvação? Quais foram as únicas criaturas que ganharam passagens para viajar na arca? Foram os animais! Você pode pensar num sinal mais evidente de que Deus tem em alta conta os nossos amigos de quatro pernas?

E os animais não são apenas "mencionados" na Bíblia. No Apocalipse, por exemplo, eles desempenham papéis principais.[2] Se não fosse por um "grande peixe", não haveria o livro de Jonas. Se não fosse por um burro, Maria não teria chegado a Belém... se não fosse por um rebanho de ovelhas, os pastores não teriam recebido dos anjos a primeira anunciação do nascimento de Cristo.

Deus adora usar animais para ajudá-lo a concretizar seus planos, e adora usá-los como *símbolos* desse plano.[3] A ovelha, por exemplo, é um símbolo profundamente importante da libertação do povo de Deus do cativeiro; ela também simboliza o sacrifício pascal de Cristo. E todos sabemos que a pomba é o símbolo da paz — bem como um sinal da presença do Espírito Santo.

A questão é, se os animais desempenharam um papel tão vital nas revelações de Deus até agora, por que não continuariam a desempenhar um papel importante no paraíso? Parte do motivo para sua existência é dar-nos prazer e alegria. É isso que eles fazem agora, e é isso que farão no futuro. Simples assim. Pense no paraíso que descrevemos neste livro. Pense em como ele será colorido e cheio de diversão. Faz algum sentido que os animais sejam deixados de fora desse quadro?

Mesmo se pusermos a Bíblia de lado por um momento, ainda poderemos chegar a essa mesma conclusão. A maioria de nós já teve um animal de estimação em algum momento. Quando esses animais morrem, *sofremos*. Mas, como vimos no último capítulo, existe uma falsa finalidade sobre a morte. Quando as pessoas que amamos morrem, elas deixam um vácuo terrível em nossas vidas, e sentimos suas mortes como tão absolutamente finais e irrevogáveis que mal podemos respirar. Ainda assim, embora nossas emoções nos digam uma coisa, também sabemos que a história não acaba aí. Nossa fé nos assegura que na verdade — a verdade mais profunda — todas as pessoas que perdemos vão retornar às nossas vidas novamente. Os animais certamente não estão no mesmo nível que os seres humanos; mas ainda sabemos no fundo do coração que Deus tem mais alguma coisa planejada para eles do que os meros doze ou treze anos conosco na Terra.

Falamos um pouco sobre a primeira manhã no paraíso — os primeiros momentos daquela reunião notável, quando filhos e filhas se reunirão com suas mães e pais depois de eras de separação. Bem, deixamos de fora um detalhe importante nessa descrição. Não dissemos que no meio de toda essa empolgação, em meio à profusão de risos e choros, enquanto estiver abraçando sua mãe e seu pai pela primeira vez, você não deveria ficar chocado se sentisse uma pata cutucando ansiosamente a sua perna e alguma coisa úmida lambendo sua mão. E você sabe o que vai ver quando olhar para baixo: seu cão velho e fiel. Só que ele não estará velho e doente, como na última vez que o viu. Ele estará mais uma vez jovem, e tão vibrante, vivo e exuberante quanto anos atrás, quando você costumava correr e brincar com ele por horas.

Isto não é uma fantasia desvairada. Isto é a verdade. O paraíso estará *cheio* de animais. Cada bicho de estimação que você já teve, cada periquito, cada coelhinho, cada peixinho dourado, cada hamster. *Deus não desperdiça nada.*

E o padrão que vimos Deus usar para a Terra e para os seres humanos é o padrão que ele também vai usar para os animais no paraíso. Eles serão essencialmente as mesmas criaturas que são agora, só que estarão *renovadas*. Como assim?

Guia de Viagem: Paraíso

Em nenhuma outra parte da Terra os dons artísticos de Deus são mais aparentes do que no reino animal. Passeie por um zoológico ou um aquário e você verá o que quero dizer: girafas, zebras, leões, tigres, ursos polares, leopardos, borboletas, pintarroxos, tucanos, pavões, flamingos, espadartes, golfinhos, baleias assassinas; a lista é imensa. Miguel Ângelo em seu melhor dia não poderia duplicar a magnificência de linhas, cores e formas manifestada nos animais criados por Deus.

Deus não vai privar o paraíso de toda essa cor e beleza. As chances são que ele manterá essas criaturas maravilhosas bem parecidas com a forma como parecem agora. Afinal de contas, se eles já alcançaram um nível de perfeição em sua aparência externa, por que deveriam ser alterados?

O que será alterado será seu comportamento. Todas as "regras" segundo as quais os animais vivem na Terra não mais se aplicarão no paraíso. Não haverá, por exemplo, uma "cadeia alimentar". Assim como não haverá uma necessidade de "comer ou ser comido". A "sobrevivência do mais forte" não desempenhará nenhum papel na vida depois da morte. No paraíso não haverá nenhuma *necessidade* de comer. Portanto, os animais não terão de caçar uns aos outros. Eles não serão perigosos. O Antigo Testamento diz que "nesse dia, o lobo habitará com o cordeiro, e o leopardo se deitará junto ao cabrito".[4]

Caminhar por uma rua no paraíso será como percorrer um habitat selvagem num zoológico, só que não haverá necessidade de separação entre os animais e nós. Poderemos brincar com filhotes de urso e de leão com a mesma tranqüilidade com que brincamos hoje com cachorrinhos e gatinhos.

Mas é claro que o paraíso não será apenas isso. Já deveríamos saber a esta altura que Deus sempre tem alguma coisa surpreendente escondida na manga.

Os cientistas nos dizem que a Terra foi criada há cerca de 4,6 bilhões de anos. Os seres humanos entraram na cena há apenas um milhão de anos. Se você aceitar isto como verdadeiro (e sei que alguns criacionistas não aceitam), então você precisa perguntar por que Deus montou a cronologia dessa forma. O que Ele esteve fazendo durante todo aquele tempo antes da história humana começar? O que foi tão importante que requereu 4,6 bilhões de anos de esforço da parte de Deus?

Vou lhe contar um segredinho. *Ele estava trabalhando no paraíso.*

Durante esse período vulcões entraram em erupção, geleiras se moveram e placas continentais se assentaram. Milhões de verões e invernos se passaram, e a Terra sofreu mudanças geológicas e climáticas monumentais.

E durante o longo curso dos milênios, milhares de espécies de animais nasceram e morreram. Você provavelmente está familiarizado com os nomes de algumas dessas criaturas estranhas e fascinantes: tigres dentes-de-sabre, mamutes e, obviamente, os dinossauros.

Não tem muita gente que pare para pensar nisso, mas uma das coisas que Deus estava fazendo quando criou essas espécies de animais foi dar aos humanos um tesouro de assuntos para estudar durante nossas vidas. Campos inteiros da ciência são devotados à pesquisa e à categorização de insetos pré-históricos e vidas marinhas pré-históricas. Paleontólogos gastam décadas de desafio e trabalho agradável tentando descobrir se os dinossauros eram inteligentes ou estúpidos, velozes ou lerdos, e por que foram extintos. O que Deus fez realmente durante aqueles 4,6 bilhões de anos foi criar o maior instituto de ciências/museu de história natural subterrâneo de todos os tempos.

E não esqueça as crianças. Deus sabia muito bem quando criou o primeiro tiranossauro e brontossauro que os menininhos e as meninhas iriam *adorar* fantasiar sobre esses animais bilhões de anos depois. Deus pode muito bem ter criado os dinossauros e permitido que eles vagassem pela Terra durante milhões de anos *apenas por esse motivo*. Já posso ouvir os ateus e evolucionistas chiando sobre essa declaração, mas e daí? É importante que jamais subestimemos o desejo de Deus para nos fazer felizes e sua disposição em realizar coisas ousadas para alcançar esse objetivo.

Mas não é só isso. Já dissemos repetidas vezes que Deus não descarta as coisas boas que cria. Bem, isso se aplica também a criaturas pré-históricas. Quando disse que o céu estaria cheio de animais, eu me referi a *cheio* de animais — todos os tipos de animais de todos os períodos da história. Não há motivo para acreditar que no paraíso não haverá dinossauros reais, vivos, não aqueles esqueletos esmaltados que vemos em museus.

O paraíso será uma tapeçaria vasta e colorida de coisas vivas. Nosso Deus é um Deus de vida, e sua morada refletirá isso. Você já viu o filme *Parque dos dinossauros*? Sabendo o que sabe sobre Deus e seu amor pela diversidade, por que não podemos crer que ao menos parte do paraíso será daquele jeito? Quando andarmos pelas florestas do paraíso, veremos leões amistosos e macacos brincando com brontossauros e estegossauros. Quando velejarmos no mar do paraíso, iremos nos maravilhar com golfinhos e focas nadando juntamente com iquitiossauros. Levantaremos nossos olhos para o céu e veremos azulões e rouxinóis voando com pterodátilos. Será uma paisagem e tanto.

Tudo isto parece infantil e bobo demais para acreditar? Certamente espero que sim, porque é um sinal de que é verdade. *Para entrar no paraíso você precisa se tornar uma criança.*[5] Lembra dessa importante frase das escrituras? Bem, precisamos começar a entendê-la mais ao pé da letra.

Os seres humanos jamais entenderão o paraíso até que compreendam um ponto fundamental sobre como a mente de Deus funciona. Deus é *brincalhão*. Sim, Ele é sério sobre seus mandamentos; sim, Ele é solene sobre a honra e a adoração que lhe é devida; sim, Ele é exigente quanto ao que espera de nós. Mas com tudo isso, Ele ainda é brincalhão. E nossa capacidade de desfrutar a vida neste momento, bem como a vida no mundo por vir, está diretamente associada à nossa capacidade em adotar essa atitude lúdica de Deus.

Isso significa que jamais podemos ser sérios? Claro que não. Mas significa que precisamos ser sérios sem sermos carrancudos, maduros sem sermos ranzinzas. Significa que temos de adotar uma atitude lúdica em relação a tudo que fazemos.

É neste espírito lúdico que tentamos pintar um quadro empolgante do paraíso até agora. Enchemos o paraíso com todas as coisas que amamos na Terra, e muitas mais da imaginação de Deus. Incluímos montanhas, rios e cidades, bem como animais, plantas e pessoas. Mas deixamos de fora uma coisa.

Há criaturas sobre as quais ainda não conversamos. E essas criaturas já existiam muito antes do aparecimento dos seres humanos e dos animais. Há grandes chances de que elas tenham desempenhado um papel importante na sua vida, embora você não as tenha percebido. Aliás, não olhe agora, mas provavelmente há uma dessas criaturas bem ao seu lado, guardando você...

CAPÍTULO 7

Nossos guias turísticos

Não seria fantástico ir a uma viagem e ter o seu próprio planejador pessoal e guia turístico? Alguém que pudesse ajudá-lo a planejar a sua viagem e depois mostrar-lhe os melhores lugares para visitar assim que você chegasse? Alguém que pudesse prever todas as suas necessidades e então ajudar a facilitar os procedimentos para você poder chegar aonde quer ir com rapidez, segurança e eficiência?

Não seria agradável recorrer a um guia como este sempre que você estivesse com dificuldades de compreender a linguagem ou os costumes nativos?

E não seria ainda melhor se este guia turístico pessoal ficasse no canto dele? Afinal de contas, você não vai querer alguém no seu pé o tempo inteiro. Não na *sua* viagem.

Bem, se alguma coisa assim é desejável para as viagens que fazemos na Terra, você não acha que o mesmo aconteceria numa viagem para o paraíso? Deus é o rei de todos os agentes de viagem e o paraíso é a sua estância de cinco estrelas. Ele sabe exatamente que tipo de ajuda precisamos para chegar ao paraíso, e seria uma surpresa se ele não tivesse providenciado a cada um de nós uma espécie de guia turístico pessoal.

De quem estou falando? Quem são esses assistentes de viagem celestiais? Ora, você os conhece muito bem... são chamados de anjos.

Anjos são *puros seres espirituais* criados por Deus para ajudá-lo a fazer sua vontade. A Bíblia parece indicar que existem zilhões deles![1] Todas as igrejas cristãs têm fé absoluta em sua existência. A religião islâmica também acredita neles, assim como o judaísmo.

Segundo os ensinamentos cristãos, cada anjo é uma criatura pessoal e individual que possui inteligência e vontade própria. Como nós, eles têm nomes. Em vários momentos no tempo anjos apareceram em forma física, mas em geral costumam ser espíritos invisíveis.

Ser um espírito puro é um conceito difícil de compreender. Significa que os anjos não têm corpos materiais, o que por sua vez significa que eles não comem, bebem, caminham, correm, procriam ou morrem. Entretanto, isso *não* significa que anjos não podem ver, ouvir ou "conhecer" coisas. Deus simplesmente lhes permite executar essas funções sem o auxílio de sentidos corporais. Na verdade, os anjos são capazes de saber o que acontece à sua volta com uma eficácia e uma clareza bem maiores que os humanos porque não precisam filtrar tudo através de nervos óticos, neurotransmissores e células cerebrais.

A história dos anjos é intrigante. Sabemos que foram criados por Deus em algum momento *antes* dos seres humanos. Como nós, eles receberam o poder do livre-arbítrio — a capacidade de escolher entre fazer o certo e o errado.

Todos conhecemos a história de Adão e Eva, como nossos primeiros pais desobedeceram Deus e foram banidos do Jardim do Éden. Bem, Deus também testou os anjos de formas misteriosas. Só que o resultado foi um pouco mais dramático. O apóstolo João define o evento como uma "guerra" no paraíso.[2] Não sabemos os detalhes, mas não há como negar que *alguma coisa* assustadora ocorreu. Deus passou aos anjos algum tipo de comando e nem todos eles concordaram.

Um grupo obedeceu sem questionar. Entre esses anjos "bons" estavam alguns que passamos a conhecer no decorrer dos séculos: Miguel, Gabriel e Rafael.[3]

Outro grupo de anjos optou por não obedecer. Esses anjos "maus" passaram a ser conhecidos como *demônios*. O chefão da "quadrilha" também ficou muito famoso. Seus muitos nomes ecoam pelas eras: Satã, Lúcifer, Belzebu, Mefistófeles. Mas todos eles significam a mesma coisa: *o diabo.*[4]

Depois desse ato de insurreição orgulhosa, o diabo e seu bando de anjos rebeldes também foram banidos para o inferno, onde, até hoje, continuam tentando ofender Deus ganhando almas que deveriam ser Dele. Quanto aos anjos leais, eles continuaram auxiliando Deus no decurso da história humana. Os relatos bíblicos sobre esse auxílio constituem nosso principal corpo de conhecimento sobre os anjos.

No capítulo anterior mencionamos que a Bíblia cita freqüentemente os animais. Bem, ela está ainda mais cheia de grandes histórias sobre anjos: um anjo foi responsável por fechar o Jardim do Éden depois que Adão e Eva foram banidos; um anjo impediu Abraão de matar seu filho; um anjo mandou José pegar Maria e o bebê Jesus e fugir de Herodes para o Egito; um anjo serviu a Jesus depois que ele foi tentado no deserto; um anjo também deu a Jesus força e estímulo durante sua agonia no calvário. No Apocalipse de João, vemos que os anjos um dia serão incumbidos do dever de destruir o mundo.[5]

Examinando essas histórias atentamente, podemos ver quais papéis os anjos desempenham nos planos gerais de Deus. Por exemplo, aparentemente os anjos proporcionam aos seres humanos conforto, tanto espiritual quanto físico. Eles também proclamam a verdade. Os anjos ocasionalmente impõem o julgamento de Deus através de punições; e eles freqüentemente atuam como mensageiros para Deus. Inclusive, a palavra *anjo* significa "mensageiro" em grego.

Mas o ministério angelical com o qual estamos mais familiarizados é o do *anjo da guarda*. Dissemos há pouco que os anjos podem ser considerados nossos guias turísticos pessoais na viagem para o paraíso. Podemos empregar essa metáfora com alguma precisão porque a Bíblia deixa claro que Deus adora usar seus anjos como instrumentos para nos guiar ao longo da trilha para a salvação.

Surpreendentemente, esta doutrina de fé é quase universalmente aceita por judeus, mulçumanos e cristãos. A tradição católica é ainda mais explícita, e ensina categoricamente que cada e todo ser humano possui um anjo da guarda que lhe foi especialmente designado. A missão desses anjos é nos observar desde o momento em que somos concebidos até o momento em que morremos. (No Evangelho de Mateus, Cristo diz a respeito das crianças: "Não desprezeis a qualquer destes pequeninos, porque vos afirmo que seus anjos nos céus vêem o tempo todo a face de meu pai celeste.")[6]

Então, o que isso significa para nós, viajantes?

Em primeiro lugar, significa que somos uns felizardos! Não apenas temos um Deus que nos dá acesso pleno a Ele próprio através da oração; não apenas temos um Deus que fala conosco através das escrituras; não apenas temos um Deus que nos concedeu a vida rica de sua Igreja na Terra; como também temos um Deus que é tão dedicado ao nosso sucesso que até forneceu assistentes especiais para ajudar-nos em nossa jornada para o paraíso.

Esses assistentes especiais também são nossos amigos especiais. Precisamos lembrar que os anjos que nos foram designados têm uma *missão* para nos ajudar. Esse é o ganha-pão deles![7] Se isso não fizer com que nos sintamos especiais, nada fará.

Nossos anjos da guarda fazem todos os tipos de coisas maravilhosas para nós. Eles nos inspiram com pensamentos criativos e virtuosos, sugerem idéias que não teríamos sozinhos, eles nos *tentam* a fazer o bem, podem até intervir em nossas vidas para nos livrar de algum dano físico.

Claro que precisamos ser cuidadosos sobre o que atribuímos a intervenção angelical. É fácil escorregarmos para a superstição, e essa é a última coisa que Deus quer que aconteça. Jamais podemos ter certeza sobre quando um anjo nos guiou ou nos protegeu de uma forma sobrenatural. Podemos suspeitar que alguma coisa miraculosa como essa ocorreu, mas raramente isso nos é relatado como um fato. Esses são os tipos de coisas que não saberemos com certeza até chegarmos ao paraíso. Algum dia seremos capazes de conversar com nosso anjo da guarda e lhe perguntar exatamente em quais momentos de nossa vida ele nos ajudou... ou talvez até nos resgatou.

Porém, por enquanto, é crucial entendermos um ponto importante: nossos anjos estão *aqui*. Eles estão aqui conosco *neste exato momento*. Como são espíritos, não podemos saber se estão em pé, sentados ou flutuando perto de nós. Mas estão *presentes*. No sentido mais verdadeiro e objetivo da palavra, eles estão presentes. E estão focando sua atenção em você neste exato momento em que lê estas palavras.

Pare um segundo e reflita sobre isso. O seu próprio anjo pessoal, que estava com você quando era um bebezinho no berço, e que um dia estará com você em seu leito de morte, agora está observando você ler. Ele é diferente dos outros anjos. Ele possui seu próprio conjunto de características e habilidades... sua própria personalidade, por assim dizer. Ele é um indivíduo único, com talentos e poderes únicos que ele usou antes para auxiliá-lo em vários momentos da sua vida.

Exatamente que momentos foram esses?

Quem pode dizer com certeza? Mas houve alguma vez em que você tenha se sentido particularmente deprimido e, de súbito, um pensamento esperançoso surgiu em sua cabeça? E quanto àquela vez em que estava prestes a cair em alguma tentação, e inesperadamente teve uma experiência de força espiritual? Talvez estivesse prestes a tomar uma decisão agonizante, e num piscar de olhos todas as peças se encaixaram e a resposta ao seu problema ficou clara. Talvez alguma coisa até mais dramática tenha acontecido. Talvez um dia você tenha acordado tarde para trabalhar e perdido o ônibus — talvez tenha passado uma hora xingando freneticamente, apenas para descobrir depois que o ônibus que queria pegar esteve envolvido num acidente grave na rodovia.

Como já dissemos, você nunca pode ter certeza quando recebeu assistência angelical. Mas há uma boa possibilidade disso ter acontecido com você em algum ponto em sua vida. Já pensou nisso? Já demonstrou ao seu anjo da guarda alguma gratidão por tudo que fez por você a serviço de Deus? Já se apresentou a ele? Se não, aqui está uma sugestão: pare de ser mal-educado!

Sentado ao seu lado, está um amigo maravilhoso que foi um grande companheiro em todos os seus momentos bons e ruins — e você não falou com ele uma vez sequer. É hora de remediar essa situação!

Estou meio brincando, meio falando sério. Entenda, anjos não são criaturas tediosas e desprovidas de emoção. Tendemos a pensar isso porque às vezes temos dificuldade de imaginar espíritos sem corpos. Mas a Bíblia nos conta explicitamente que os anjos "rejubilam-se".[8] Isso significa que eles têm algum tipo de *sentimentos*... ao menos no sentido figurativo.

Você não acha que eles gostariam de saber se a pessoa que estão guardando e guiando, às vezes por setenta e tantos anos, ao menos reconhece sua existência? Não acha que eles apreciariam se a pessoa de quem cuidam a cada hora do dia, sete dias por semana, gostasse deles e até lhes demonstrasse afeto?

Neste ponto precisamos ser cuidadosos. Os católicos sempre consideraram apropriado cultivar uma devoção amável por nossos anjos da guarda. Porém, a maioria dos protestantes afirma que é espiritualmente perigoso manter "relacionamentos" com qualquer criatura superior além de Deus Todo-Poderoso. O que desejo dizer aqui é que é possível termos uma atitude mais *lúdica* em relação aos anjos — exatamente como devemos ter atitudes mais lúdicas em relação a outros seres humanos. Afinal de contas, somos todos criaturas de Deus!

Alguns escritores espirituais sugeriram que até mesmo deveríamos dar um nome ao nosso anjo da guarda. Sei que isso pode parecer um pouco juvenil, mas creia em mim, o seu anjo não vai se importar. No mínimo, ficará agradecido por receber alguma atenção pessoal... finalmente. Conheço algumas pessoas que há muitos anos chamam seus anjos por um nome. Elas não costumam fazer isso em público, é claro (por medo de ser enfiadas num furgão branco), mas certamente o fazem quando estão sozinhas. É uma forma lúdica de estabelecer uma conexão com um ser espiritual muito real. Afinal de contas, Deus ama quando tomamos uma atitude ousada para fazer coisas que são importantes para Ele.

Outra coisa importante que podemos fazer é tentar *ouvir com mais cuidado e atenção* o nosso anjo, para o caso de Deus querer usá-lo para nos guiar em alguma questão. Deus se comunica conosco de muitas formas maravilhosas. Seu Espírito Santo ocasionalmente fala conosco diretamente, às vezes através das palavras da Bíblia, outras vezes numa missa, de vez em quando num sermão poderoso, por vezes na música, ou através de conversas com amigos — e às vezes através de anjos. Mas o mundo em que vivemos é tão barulhento que às vezes ficamos surdos para a voz de Deus. Se Deus vai enviar um de seus guias turísticos angelicais para nos prover algum direcionamento, precisamos estar preparados para *ouvir a mensagem*. E, às vezes, a única forma de fazer isso é desligar a TV, o rádio, o celular, e simplesmente sentar em silêncio e *ouvir.*

Finalmente, podemos conhecer nossos anjos melhor simplesmente *utilizando-os* mais. Lembre, a missão que Deus lhes deu é de nos ajudar em nosso percurso até o paraíso. Eles são os guias turísticos que Deus nos proporcionou! Devemos usá-los mais freqüentemente nesse sentido. Não há nada errado em, por exemplo, pedir ajuda aos nossos anjos quando estivermos em dificuldades. Também não há nada errado em pedir que eles se comuniquem com outros seres humanos ou outros anjos em seu benefício. O grande padre Pio tinha uma fé quase infantil em anjos. Ficava tão cheio de compromissos durante o dia que, para economizar tempo, freqüentemente dizia às pessoas que compareciam às suas missas para mandar seus anjos até ele com seus pedidos espirituais!

Nem é preciso dizer que devemos tomar cuidado ao falarmos com nossos anjos desta maneira. Decerto não queremos tratá-los como meros secretários ("Mande o seu anjo telefonar para o meu anjo!"). E sob nenhuma circunstância podemos permitir que nosso interesse em anjos nos desvie de nosso relacionamento pessoal com Deus.[9] Mas como já disse muitas vezes neste livro, não devemos temer sermos um pouco lúdicos — especialmente com outras criaturas de Deus.

Entenda, por mais fantásticos e maravilhosos que os anjos sejam, eles ainda são criaturas, exatamente como nós. O problema é que anjos são criaturas tão maravilhosas que é fácil para algumas pessoas — especialmente pessoas religiosas – ficarem fascinadas por eles. Sem sequer perceber isso, elas podem escorregar para um comportamento de "adoração". Afinal de contas, anjos são imortais, poderosos, têm a capacidade de destruir cidades e mundos inteiros, e podem afetar dramaticamente nossas vidas sem que nem mesmo nos apercebamos. Às vezes eles realmente parecem merecedores de adoração. E mesmo assim, até pensar em adorá-los é diametralmente oposto a tudo que Deus tem em mente a respeito de nosso relacionamento com eles.

Billy Graham, em seu livro sobre anjos, resume muito bem: "Se nós, os filhos de Deus, compreendêssemos o quanto os anjos do Senhor estão próximos, obteríamos mais força e segurança para enfrentar os cataclismos da vida. Embora não coloquemos nossa fé diretamente nos anjos, devemos colocá-la no Deus que rege os anjos; e então poderemos ter paz."

Anjos agem mais ou menos como nossos irmãos mais velhos. Eles têm autoridade sobre nós *apenas se* nosso pai lhes der essa autoridade. Sim, eles podem nos ajudar de mil formas diferentes; e sim, eles podem nos inspirar, nos guiar, e até mesmo nos salvar do mal. Mas eles podem fazer essas coisas maravilhosas apenas se Deus lhes der permissão.

É por isso que os anjos provavelmente consideram embaraçosa toda a pressão que vêm recebendo recentemente. A última coisa que querem fazer é receber o crédito e a adulação pública que pertence por direito a Deus.

Contudo, o motivo mais forte para tratarmos os anjos mais como iguais do que como superiores é que eles devem adorar seu criador da mesma forma que nós.

Neste exato momento, no paraíso, dez milhões de anjos estão adorando o ser todo-poderoso, onisciente e feito de pura bondade chamado Deus. Neste exato momento estão prestando homenagem ao ser que os criou do nada e que colocou os planetas em movimento, o ser que salvou o mundo inteiro e que mantém toda a existência com o poder de um único pensamento.

Sabe qual é a coisa realmente incrível a respeito desse ser que os anjos estão adorando? Ele não é como os anjos. Ele *não* é espírito puro.

Hoje, no paraíso, este ser a quem chamamos Deus, como a Segunda Pessoa da Santíssima Trindade, usa a forma de um *homem*.

A dignidade que possuímos como seres humanos jamais pode ser alcançada pelos homens. Quando o Deus-Filho se esvaziou e se tornou um de nós na pessoa de Jesus Cristo, como todo cristão do mundo acredita, alterou para sempre a dinâmica do relacionamento entre anjos e homens. Os anjos podem ser nossos "irmãos mais velhos" agora, mas *nós* somos os herdeiros ao trono real.

CAPÍTULO 8

Descanse em paz? NÃO!

Certo, então chegamos a essa estância incrível chamada paraíso. Temos uma boa noção de como ela se parece. Sabemos o tipo de forma que *nós* teremos quando chegarmos lá. Sabemos quem viajará conosco, e nossos guias turísticos angelicais nos concederam alguma idéia da população nativa do lugar.

A questão para nós é, depois que chegarmos, o que vamos *fazer* lá? Afinal de contas, ao visitar a Austrália, você pode colocar sua roupa de mergulho e descer até a Grande Barreira de Corais; quando visita Pamplona, na Espanha, em julho, pode beber Rioja e correr com os touros; quando visita County Cork na Irlanda, pode beijar a Pedra Blarney; quando visita Nova York no Natal, pode patinar no gelo sob a grande árvore, comer um *pretzel* quente e salgado enquanto caminha pela Quinta Avenida, e fazer um passeio de carruagem pelo Central Park.

Mas e quanto ao paraíso? Que tipos de atividades estarão ao nosso dispor lá?

E agora vamos ao maior obstáculo para imaginar a vida no paraíso. Não só é difícil imaginar o que faremos no paraíso, como também estamos tão programados com associações negativas que nem queremos *pensar* a respeito.

As pessoas dizem acreditar que o paraíso seja um lugar de felicidade incrível, mas, no fundo, acho que sentem um pouco de medo de que ele seja, bem, um lugar *chato*.

Desde crianças, a maioria de nós pensou no paraíso como uma região onde espíritos incorpóreos flutuam nas nuvens o dia inteiro, tocando harpas, cantando em coros e orando — para sempre e sempre e sempre e sempre. Essa não é uma perspectiva muito empolgante para *ninguém*.

E também há coisas que *dizemos* sobre a vida após a morte, frases que se tornaram tão predominantes na nossa sociedade que tornaram a noção do paraíso totalmente desanimadora. A principal dessas frases é "Descanse em paz".

"Descanse em paz" é uma forma antiga e bonita de dizer adeus às pessoas que amamos. Mas também é extremamente incompreendida. Quando a ouvimos, certas imagens naturalmente surgem em nossas mentes. Dormir, por exemplo — dormir por muito, muito, *muito* tempo. Outras palavras que nos vêm à mente são *calma, imobilidade, inconsciência, escuridão* e *silêncio*.

Mas não é isso que "Descanse em paz" significa. O descanso não é apenas o que usamos para refrescar nossos corpos quando ficamos cansados de atividades; descanso é um estado ao qual chegamos depois que *conquistamos* alguma coisa. Quando um corredor termina uma maratona, ele entra

Guia de Viagem: Paraíso

num estado de descanso, o que significa que completou a corrida com sucesso e que não mais precisa continuar correndo. Ele pode também *precisar de um descanso,* mas isso não vem ao caso.

Quando falamos sobre pessoas falecidas estarem "descansando", nos concentramos principalmente no primeiro significado da palavra. Essas pessoas completaram com sucesso a maratona de sua vida. Elas terminaram a corrida. Alcançaram o propósito para o qual nasceram — estar com Deus.

A palavra "paz" também possui diversos significados. Sim, pode significar inatividade e relaxamento, mas não é isso que queremos dizer quando a aplicamos aos mortos. Paz também pode significar libertação das ansiedades, libertação do estresse, libertação do sofrimento. Paz pode significar que temos certeza absoluta de que não estamos em perigo — que aconteça o que acontecer, estaremos "bem". As primeiras palavras que Cristo pronunciou para seus discípulos depois que se levantou dos mortos foi "A paz esteja convosco". Em outro momento, Cristo disse a eles: "Ide em paz, eu vos dou minha paz."[1] Paz era uma coisa que ele presenteava a eles. Era uma dádiva que lhes possibilitava fazer tudo que tinham a fazer sem medo e tensão desmedidos.

Você acha que os apóstolos passavam o tempo todo relaxando e vendo a grama crescer na Palestina? Cristo era um sujeito calmo e contido? Obviamente que não. Muito pelo contrário.

Cristo — o criador e concedente da paz — foi um dos seres humanos mais enérgicos que já viveu. Em três curtos anos, Cristo atravessou Israel executando milagres, desafiando as autoridades, expulsando os mercadores do templo e ensinando a milhares de pessoas como elas deveriam viver. No processo, mudou o mundo para sempre. Da mesma forma, os apóstolos, que foram os maiores receptores da paz de Cristo, trabalhavam incessantemente para difundir o Evangelho; eles viajaram todo o mundo e sofreram todos os tipos de sofrimento, desde apedrejamentos até naufrágios.

"Paz", no entendimento cristão, não significa inatividade. Significa liberdade da ansiedade para que você seja *eficazmente ativo*. Portanto as palavras "Descanse em paz", cinzeladas em tantas lápides e recitadas em tantas missas fúnebres, não significam que os mortos finalmente possam relaxar depois de uma vida árdua. Significam que os amigos e parentes falecidos completaram com sucesso o primeiro estágio de suas vidas e se qualificaram para o desafio de outra vida, *mais* ativa, no paraíso. Ainda melhor, durante esta "segunda" vida, serão capazes de realizar coisas realmente fantásticas porque estarão completamente livres de preocupações e sofrimentos.

Depois que entendermos isso, estaremos numa posição melhor para ver todas as possibilidades que se abrem para nós no paraíso. Isso realmente remonta ao que dissemos no começo deste guia de viagem. Nosso destino final não é estático, enevoado e tedioso. É dinâmico: cheio de atividade, pulsante de energia. É um lugar de vida, não de sono.

Quando chegarmos ao paraíso, não saberemos o que fazer primeiro. Como alguém já disse sobre Paris na primavera, o único problema será decidir onde ser mais feliz. O paraíso vai ser um amplo país das maravilhas de atividades, abarcando tudo que a natureza tem a oferecer, com possibilidades fascinantes para novas paisagens, sons e sensações. E, como já vimos, haverá uma variedade incrível de cidades onde poderemos viver e nos divertir. Teremos acesso instantâneo a todos esses lugares porque nossos corpos estarão completamente a serviço de nossas mentes, e serão capazes de nos levar aonde quisermos ir num estalar de dedos.

T. S. Eliot disse que os seres humanos deveriam ser exploradores a despeito de sua idade. No paraíso, teremos essa chance. Haverá muitas coisas para ver e investigar, muitas coisas para aproveitar... e muito tempo para fazê-lo. Seremos capazes de fazer excursões para um milhão de países, cidades, planetas, galáxias e universos diferentes.

Que tal fazer um passeio até Vênus? Que tal uma excursão pela galáxia de Andrômeda? Que tal um fim de semana na antiga Roma (novamente em sua antiga glória)? Que tal um acampamento de observação de dinossauros? Não tema permitir que sua imaginação corra solta! Agostinho disse: "Teremos corpos que nos permitirão ir a *qualquer* lugar, quando e onde quisermos." Se quiser entender o paraíso, você precisa se livrar do seu padrão atual de pensamento e expandir seus horizontes. E isto também se aplica às pessoas que vamos ver. Que tal uma pescaria com Ernest Hemingway? Ou um jogo de beisebol com Joe DiMaggio? Que tal um debate literário com Jane Austen, ou uma palestra de Albert Einstein sobre o funcionamento do universo? O que acha de Frank Sinatra cantando para você num pequeno clube noturno? Que tal lições de arte com Miguel Ângelo, ou aulas de piano com Mozart? E que tal fumar um charuto e beber um conhaque com Winston Churchill? Ou jogar uma ou duas partidas de golfe com Bobby Jones no Augusta?

Pegou a idéia? Contanto que as pessoas que acabamos de mencionar consigam chegar ao paraíso (e certamente torcemos para que consigam), elas estarão disponíveis para que conversemos, trabalhemos e formemos amizades com elas.

Todas as figuras que conhecemos da Bíblia estarão lá. Poderemos conhecer nossos primeiros pais, Adão e Eva. Seremos capazes de conversar com heróis do Antigo Testamento como Moisés e Davi. Seremos capazes de "almoçar" com São Pedro e São Paulo. Poderemos nos sentar debaixo da copa de uma árvore para apreciar o frescor da tarde com a abençoada Virgem Maria, e perguntar-lhe como Jesus era quando menininho.

Poderemos conhecer todas as pessoas famosas sobre as quais lemos na história e que, com sorte, estarão lá: Sócrates e Aristóteles, Leonardo da Vinci e Colombo, Washington e Shakespeare, Lincoln e Teddy Roosevelt, Martin Luther King Jr. e Madre Teresa.

Nossos próprios ancestrais também estarão lá. Que tal conhecer o seu tataravô e descobrir todos os detalhes da história da sua família? No céu, finalmente teremos a chance de agradecer pessoalmente a esses parentes pelo que fizeram por nós. Afinal, se não fosse por eles, não estaríamos no paraíso.

E como vimos no último capítulo, haverá milhões de anjos no paraíso. Poderemos interagir com essas criaturas puramente espirituais, e perguntar-lhes exatamente em quais momentos de nossas vidas elas mais nos ajudaram. Seremos capazes de formar amizades com eles e, talvez, também ensinar-lhes.

O melhor de tudo, o próprio Deus estará lá, e poderemos glorificá-lo e desfrutar de sua amizade para sempre. (Muito mais sobre isso, mais tarde!)

Guia de Viagem: Paraíso

Imagine as conversas incríveis que travaremos com esses seres. Felizmente, o paraíso dura para todo o sempre, porque levaremos uma eternidade só para conhecer todo mundo!

Claro, não devemos também achar que o paraíso é apenas um lugar de agitação e conversas amistosas. Lá também haverá muito tempo para os simples prazeres da vida: caminhar por montanhas, viajar a cavalo pelo litoral, correr pelo parque, ler um bom livro diante da lareira segurando uma xícara de chá quente, desfrutar de um almoço agradável com os amigos.

E haverá muito mais para *aprender.* Nosso Deus é um ser infinito. Ninguém jamais compreenderá tudo a respeito Dele, porque Ele simplesmente é complexo demais. Alguém já comparou isso a colocar toda a água do oceano num buraco de areia na praia. Não pode ser feito. Deus simplesmente não "cabe" completamente em nossas cabeças. Isso é verdade agora e continuará sendo quando estivermos no paraíso. O mesmo pode ser dito sobre a criação Dele — poderemos ser capazes de dominar vastas quantidades de informação sobre diferentes aspectos da vida, da natureza, das pessoas e do universo, mas jamais seremos capazes de assimilar tudo. A razão é que a criação em si é um reflexo de Deus — e ambos sempre serão insondáveis.

A boa notícia é que isto nos dará a oportunidade de estudar e aprender para sempre. Em *Horizonte perdido*, de James Hilton, os residentes imortais de Shangrilá podem passar séculos aprendendo novas linguagens, dominando novos passatempos, estudando novas disciplinas. O paraíso vai ser parecido com isso.

Quer aprender grego ou italiano? Que tal violino ou violoncelo? Interessado em astronomia ou física? Quer aprimorar sua geografia, ou aprender mais sobre história ou arquitetura? Churchill disse: "Quando eu chegar ao paraíso pretendo dedicar parte considerável de meu primeiro milhão de anos pintando, e assim chegar ao fundo do assunto." Churchill estava absolutamente certo! No paraíso você terá tempo para fazer todas essas coisas e mais. Haverá novas descobertas aguardando-o em cada esquina, e novos assuntos para fasciná-lo, interessá-lo e encantá-lo em toda parte.

E não vamos esquecer do trabalho.

Trabalho? No paraíso? Antes que você feche este livro, deixe-me explicar. Trabalhar no paraíso será mais satisfatório e empolgante do que qualquer coisa que já fizemos nesta vida. Na verdade, será parte essencial do que nos deixará felizes por toda a eternidade.

Primeiro, precisamos compreender que o trabalho não é uma invenção humana. É uma invenção de Deus. Mesmo se tivéssemos todo o dinheiro no mundo, ainda sentiríamos a necessidade de empreender algum tipo de labuta, porque essa necessidade foi *programada* em nós por nosso criador.

Lembre do livro do Gênesis, quando Deus criou a Terra, a água, o céu, os animais e os seres humanos, e então descansou no sétimo dia.[2] Permita que eu faça uma pergunta: Por que você acha que ele precisou "descansar"?

O ato original da criação foi *trabalho*. Deus poderia ter escolhido criar o mundo em um nanossegundo. Tudo que ele precisava fazer era estalar os dedos e tudo que conhecemos teria passado a existir. Mas Ele não fez isso. Trabalhou lenta e arduamente.

Além disso, quando nos revelou a história da criação na escritura, Deus fez questão de narrá-la em ordem cronológica, com início, meio e fim. Deus até nos disse que depois de terminar o serviço tirou um dia de folga.

Mais adiante, vemos o próprio Cristo trabalhando como um humilde carpinteiro. Mais uma vez, ele obviamente não precisava trabalhar, porque era Deus. Deus *escolheu* ser um trabalhador manual. E ainda mais adiante, aprendemos que Paulo, o maior evangelista de todos os tempos, recusou-se terminantemente a viver de caridade, apenas aceitando a comida que lhe era dada como pagamento por seu trabalho como fabricante de tendas.[3]

E não vamos esquecer que mesmo no paraíso Deus está, segundo João, "trabalhando até agora".[4]

Em todos esses exemplos e centenas de outros, Deus está tentando nos dar uma lição: o trabalho é sagrado, o trabalho é virtuoso, o trabalho é santo. E também é altamente satisfatório, desde que seja significativo.

João Paulo II escreveu que o trabalho "teve início no mistério da encarnações e foi também redimindo de uma maneira especial".

Isto significa que teremos "trabalhos" no paraíso?

Ninguém pode dizer com certeza. Sabemos que no paraíso não haverá uma necessidade por muitos dos bens e serviços que temos aqui na Terra. Por exemplo, não haverá sofrimento no paraíso, de modo que não precisaremos de hospitais, médicos, enfermeiras, motoristas de ambulância, terapeutas ou farmacêuticos. Não haverá crimes no paraíso, de modo que não precisaremos de policiais, advogados, juízes ou carcereiros. E como ninguém jamais morrerá no paraíso, não precisaremos de papa-defuntos, coveiros ou médicos-legistas (graças a Deus!).

Se você trabalha em qualquer um desses campos, é bom saber que terá de mudar de profissão!

Por outro lado, existem coisas que são desejos humanos básicos. Enquanto seres humanos, teremos necessidade por beleza, crescimento, aprendizado, amor e relacionamentos. Precisamos dessas coisas neste exato instante, e precisaremos delas depois que passarmos nosso milionésimo ano no paraíso. Isso significa que, por toda a eternidade, haverá atores, professores e músicos.

Não estou dizendo que se você for um escritor agora, será um escritor no paraíso. Ou que se você é um cantor agora, será um cantor no paraíso. Mas pode ter certeza de que haverá alguma forma de criação humana na vida após a morte. Livros serão escritos e lidos, estruturas públicas serão construídas e utilizadas, obras de arte serão criadas e admiradas, concertos serão executados e freqüentados.

O reverendo James T. O'Connnor, em seu maravilhoso livro *The Land of the Living*, reafirma esta verdade: "Os santos trabalharão e gostarão disso, encontrando no trabalho um escape para sua *criatividade acentuada*, bem como um meio segundo o qual possam glorificar o Criador."

E lembre-se: não precisamos limitar nossa especulação meramente àquilo que conhecemos em nossas vidas aqui. O *material bruto* que os humanos terão ao seu dispor no paraíso será de uma variedade infinita. Como dissemos antes, a matéria será totalmente obediente à nossa vontade. Portanto, os artistas no paraíso não mais terão de se restringir a tintas, telas, blocos de mármore ou tabletes de argila. Se quiserem produzir alguma coisa magnífica, terão a opção de esculpir planetas e sistemas solares. Serão capazes de compartilhar dos poderes criativos de Deus a um nível nunca antes imaginado.

Toda esta atividade constitui "trabalho". Mas a diferença entre o trabalho no paraíso e o tipo de trabalho que fazemos agora é que nossa labuta celestial jamais será *penosa*. No paraíso não precisaremos de comida, dinheiro ou qualquer tipo de segurança, de modo que o trabalho jamais será forçado. Já se perguntou por que algumas pessoas são capazes de realizar quinze horas de trabalho intensivo e ainda assim continuarem cheias de energia no fim do dia, enquanto outras fazem um esforço hercúleo apenas para chegar ao fim da manhã? O motivo simples é que algumas pessoas odeiam seus trabalhos, enquanto outras os adoram.

O trabalho que faremos no paraíso parecerá uma brincadeira, porque realmente amaremos fazê-lo. Ao mesmo tempo, será alguma coisa que nos expanda enquanto seres humanos e expanda o paraíso em si. Um termo melhor para essa atividade seria "contribuição ativa".

Um dos segredos para encontrar a felicidade é nunca parar de crescer. Não importa quanto dinheiro ganharmos, não importa o quanto sejamos famosos, não importa que coisas fantásticas conquistemos, é essencial que sempre estejamos tentando alcançar algum objetivo. Isso não significa que não devamos fazer viagens relaxantes ou nos aposentar aos 65 anos. Mas significa que, a despeito de qual seja nossa idade ou situação financeira, sempre devemos continuar aprendendo, expandindo, aperfeiçoando. Se não o fizermos, estaremos condenados a nos sentirmos mortos e vazios no fim do dia. Esta é uma lei do universo tão imutável quanto a lei da gravidade.

Não foi por acidente que Deus nos fez assim. Ele sabia que ao nos dar uma psicologia que exige expansão, estava nos proporcionando uma fonte de empolgação infinita. Quando estamos no "clima" para nos aperfeiçoar, nossa vida é plena de possibilidades... possibilidades para melhores relacionamentos, finanças, saúde e tempos.

O trabalho que fizermos no paraíso e o crescimento que alcançarmos será profundamente satisfatório para nós no nível mais profundo de nosso ser. A coisa mais próxima à qual podemos comparar isso é a alegria que uma criança sente em antecipação ao Natal ou algum outro evento futuro. Pense, por um segundo, de quando você tinha dez ou onze anos. Lembra-se de um sonho infantil que teve nessa época? Uma coisa que realmente desejava? Lembra-se de alguma fantasia feliz que tinha sobre se tornar herói dos esportes, astro de cinema, príncipe ou presidente da república?

Tais sonhos, quando os nutríamos em nossa infância, eram intensamente empolgantes para nós, não só porque eram grandiosos, mas porque tínhamos a impressão de que disporíamos de muito tempo para concretizá-los. Por exemplo, quando eu estava na liga amadora de beisebol, o sonho de jogar profissionalmente me parecia tão distante no futuro que eu achava que teria a eternidade para desenvolver minhas habilidades. Mas o que aconteceu? Envelheci e, à medida que os anos passaram, chegou a triste compreensão de que jamais conseguiria alcançar um objetivo tão elevado.

A maioria das pessoas teve experiências semelhantes. À medida que nosso tempo na Terra diminui, somos forçados a "revisar" nossos sonhos, a torná-los menos ambíguos, menos heróicos, menos empolgantes. O momento da epifania negativa, quando compreendemos que nosso mais querido sonho de infância era na verdade apenas uma fantasia infantil, marca o início de nossa maturidade e cinismo.

Mas felizmente este não é o fim da história.

Passamos nossas vidas inteiras aprendendo que, quanto mais envelhecemos, pior a nossa vida fica. Habituamo-nos à inevitabilidade de coisas como morte, sofrimento, desilusão e decepção. Mas no paraíso Deus oblitera esses males para sempre. Ao invés de perder tempo, nós o ganhamos; ao invés de contrair, nós expandimos; ao invés de reduzirmos a velocidade, nós a aumentamos; ao invés de perder nossa ambição, nós a recobramos dez vezes mais forte. No paraíso, Deus *reverte* a dinâmica da deterioração tão característica de nossa vida na Terra.

O motivo pelo qual Cristo continuamente nos diz nos Evangelhos para não nos preocuparmos com os assuntos terrenos é porque, no fim, Deus pretende nos devolver tudo que realmente importa. Ele não devolverá apenas as coisas materiais que nos foram tão cruelmente tomadas pelo tempo — nossos corpos, nossa saúde, nossa família —, como também restaurará nosso estado emocional mais jovial, incluindo nossa ambição por realizar grandes coisas. Ao ordenar que nossa vida no paraíso seja cheia de trabalho gratificante e contribuições ativas, Deus, de certo modo, devolve-nos nossos sonhos. Na verdade, Ele nos devolve a própria *infância*. A diferença é que no paraíso os objetivos que estabeleceremos para nós mesmos serão reais, e o tempo que teremos para concretizá-los será realmente infinito. Em vez da juventude ser "desperdiçada com os jovens", ela será outorgada às mais sábias e merecedoras criaturas de Deus... nós!

CAPÍTULO 9

As férias que nunca terminam

Para mim, o segundo dia de qualquer viagem costuma ser o mais empolgante. Toda a tensão do primeiro dia — correr até o aeroporto, esperar pela bagagem, registrar-se no hotel, desfazer as malas e passar as roupas — terminou e você finalmente está preparado para se divertir. Não existe nada igual à emoção da antecipação, e é esse o sentimento do segundo dia. A semana à frente guarda um potencial ilimitado para aventuras, e cada dia sucessivo é um desafio de diversão.

Contudo, à medida que se aproxima o final da viagem, uma ou duas coisas costumam acontecer. Você começa a se sentir levemente entediado e com saudades de casa; ou fica absolutamente aterrorizado com a perspectiva de retornar à "realidade". Na maioria das vezes é esse segundo sentimento que acomete as pessoas. Férias são muito raras e acabam rápido demais.

Acho que temos sentimentos semelhantes no que diz respeito ao paraíso. Por um lado, a "eternidade" parece boa demais para ser verdade. Afinal de contas, como alguém pode viver *para sempre*? Se há uma coisa de que temos certeza absoluta na vida é que tudo e todos morrem. A própria noção de um lugar onde a morte não existe — onde os bons tempos se esticam para sempre — é tão alienígena a nós que mal conseguimos imaginá-la.

Por outro lado, se aceitarmos a idéia de eternidade, como podemos ter certeza de que a *felicidade* será eterna? Já é difícil vermos como *podemos* ser felizes para a vida inteira. Afinal de contas, os seres humanos se entediam com tudo — até mesmo com as coisas boas na vida. Assim é a nossa natureza. Acho que algumas pessoas têm um temor secreto de que irão realmente desfrutar do paraíso durante trezentos ou quatrocentos anos, mas não muito mais do que isso. Certamente não por um *bilhão* de anos. Como podemos não ficar entediados até as raízes de nossos cabelos?

O que nos leva à questão do "tempo" — um dos assuntos mais intrigantes, complexos, frustrantes e difíceis que existem.

Se você quiser realmente fazer sua cabeça girar, tente ler um livro sobre teoria do tempo. Há anos os cientistas discutem se o tempo existia *antes* do big-bang ou surgiu como um *resultado* dele, se o universo como um todo existe *no* tempo, ou ainda, *com* ele; se o tempo é *absoluto*, como Newton acreditava, ou *relativo*, como Einstein afirmou, se realmente existe alguma coisa que possamos chamar de tempo, ou se é apenas *espaço-tempo*.

Os teólogos não foram muito mais claros do que isso. Sim, existe a certeza de que Deus é eterno, sem início nem fim, e que Ele próprio não percebe o tempo, porque sua "substância" é imutável. Mas se Deus criou ou não o tempo *com* o mundo, ou *antes do mundo*, e se Ele, de alguma forma, está *no* tempo agora, por virtude do fato de que se tornou um homem, é um grande mistério.

Graças a Deus não precisamos elucidar este mistério aqui! Existem alguns livros maravilhosos sobre o assunto, tanto de uma perspectiva puramente científica quanto de uma perspectiva religiosa. Eles trabalham com todas as questões e teorias fascinantes que não podemos explorar neste livrinho. Porém, o que gostaria de fazer aqui é delinear os fatores básicos do que o cristianismo ensina, e discutir como isso se aplica, *literalmente falando*, à nossa vida no paraíso.

A primeira coisa que precisamos compreender é que haverá "tempo" no paraíso... pelo menos alguma forma de tempo. Temos certeza disso porque sabemos que o paraíso é tanto material quanto espiritual. Como já dissemos, haverá árvores, rios, cidades e humanos no paraíso. Também haverá muita atividade lá. Humanos por toda parte, árvores ao vento, a correnteza dos rios. Portanto, haverá *mudanças* no paraíso de um momento para o seguinte. Como o tempo é simplesmente a medida da mudança, alguma versão de tempo existirá lá.

Este é um ponto importante, porque há pessoas que argumentam que o tempo não existe no paraíso — que a eternidade é realmente apenas uma "percepção", que não haverá uma "progressão de momentos" na vida após a morte.

Bem, pode ser assim para Deus e até para os anjos, mas não para nós, criaturas materiais. Enquanto tivermos corpos que podem se mover, seremos capazes de atribuir tempo a esses movimentos. Enquanto tivermos pulsos, podemos usar relógios de pulso! A forma como experimentaremos o tempo no paraíso certamente será diferente da forma como o experimentamos agora. Falaremos sobre isso a seguir. Mas, como já vimos neste livro, Deus é muito consistente. Ele nunca se livra totalmente de nada que o tenha servido bem. O tempo no paraíso será reconhecível e similar ao tempo na Terra. Ele pode ser transformado e renovado... mas não será destruído.

A única coisa que temos certeza de que será destruída na vida após a morte é a morte (e, é claro, a atividade que gerou a morte: o pecado).[1] Esta eliminação da morte resultará numa mudança fundamental na forma como sentimos o tempo. Neste exato instante, mesmo se conseguirmos adotar uma postura positiva sobre o envelhecimento, não conseguimos deixar de considerar o tempo como o maior dos vilões. Por mais que tentemos retardar o tempo, ele avança incansavelmente — e nos força a marchar com ele — rumo a um destino que é sempre o mesmo: deterioração, morte, decomposição.

Já foi dito que todas as histórias são trágicas, porque todas as histórias — se estendidas o bastante — terminam em morte. Dessa perspectiva, quanto mais feliz a história, mais triste será seu desenlace inevitável. Às vezes, temos uma noção nítida da tragédia da vida. Em outros momentos, conseguimos mantê-la no fundo de nossas mentes. De qualquer modo, o espectro da morte sempre está pairando sobre nós de alguma forma. Ele colore nossos pensamentos e mancha nossas experiências de formas que não podemos quantificar.

Sempre que alguma coisa boa chega a um fim, sentimos tristeza, não porque esse prazer particular terminou, mas porque ele é uma lembrança de nossa própria mortalidade. Deus sempre nos oferece uma profusão de lembretes assim, porque Ele sabe que, se não o fizer, ficaremos satisfeitos em viver em negação, movendo-nos cega e irresponsavelmente de um prazer para outro, prestando pouquíssima atenção a Ele e às coisas que disse que são importantes para nós. Ele não apenas permite que as pessoas e os animais que amamos morram, como também coloca outros sinais menos dramáticos ao longo do caminho. Deus permite que dias terminem, estações do ano mudem, viagens cheguem ao fim, refeições acabem, reuniões se encerrem, bons livros se fechem. Todas essas coisas terminam porque Deus quer nos ensinar uma grande lição, que é: *nós* também vamos chegar ao fim um dia — talvez mais cedo do que pensamos — e Ele deseja que estejamos plenamente preparados para essa eventualidade.

Mas não será assim no paraíso. Não teremos aquela nuvem opressiva pendendo sobre nossas cabeças. É impossível repetir o suficiente: *não há morte no paraíso.* Os cristãos acreditam que você é criado do nada, tem uma vida na Terra, morre apenas uma vez, é julgado por seus atos durante a vida e então vive para sempre depois disso.[2] Essa é a nossa religião. Essas são as "boas notícias" do Evangelho. Quando chegamos ao paraíso, uma das coisas mais espetaculares sobre nossa vida será a certeza de que ela não terminará. Jamais associaremos novamente a progressão do tempo com a proximidade do "fim". Os bons tempos que tivermos lá serão infinitos.

Embora possamos entender tudo isto intelectualmente, e embora possamos acreditar nisso com fé, ainda é difícil "sentirmos" isso em nossas entranhas. Frases como "viver para sempre" e "por toda eternidade" são apenas palavras para nós. Podemos compreender plenamente o que elas significam? Qual será a sensação de viver para sempre... de embarcar numa viagem que jamais chegue ao fim?

Alguém uma vez me mandou visualizar desta forma: imagine uma praia comprida. Em seguida imagine que um passarinho aparece, pega um único grão de areia dessa praia e voa para uma terra distante. Um milhão de anos depois, o pássaro retorna e pega outro grão de areia. Ele faz a mesma coisa de novo e de novo, cada vez ausentando-se por um milhão de anos. Então imagine que o pássaro faz isso com cada grão de areia de cada praia no mundo inteiro. Ele levará zilhões de anos para terminar sua tarefa, mas *um dia* irá terminá-la. E quando o fizer, o sol ainda não terá se levantado em nosso *primeiro dia* no paraíso.

Há quem possa achar uma tolice esta forma fantasiosa de pensar, mas essa é a única forma pela qual podemos visualizar a *eternidade* em nossas mentes. Se você levar cinco minutos por dia para meditar sobre uma verdade, usando seus próprios exemplos e imagens, garanto que começará a apreciar a magnitude do presente que Deus nos ofereceu.

Claro, depois que tivermos reconhecido o que o cristianismo nos ensina sobre a vida eterna, e depois que tivermos tentado algumas vezes imaginar como a extensão de tempo vai nos parecer, ainda teremos de lidar com o problema do tédio. Como conseguiremos ser felizes por um milhão, um bilhão, um zilhão de anos? Não ficaremos sem ter o que fazer?

A melhor forma de lidar com este problema, claro, é simplesmente confiar em Deus. Afinal, se Deus é tão poderoso e inteligente que pode criar o universo e colocar os planetas em suas órbitas, então Ele certamente é suficientemente esperto para nos manter entretidos pela eternidade! Mas os seres humanos são fracos. Queremos saber *como* Deus planeja fazer isto.

O que nos instila o medo de nos entediarmos com certos prazeres no paraíso é o fato de já termos nos entediado com eles na Terra. O que não percebemos é que nós *invertemos as coisas*. Tentamos fazer coisas divertidas em nossa vida agora porque queremos gerar bons sentimentos. Quando ficamos entediados com alguma coisa, não é porque ficamos entediados com os bons sentimentos; é porque a coisa específica que estamos fazendo não está gerando mais esses sentimentos. Assim, tentamos outras coisas. Elas funcionam por algum tempo, e então nos entediamos delas também.

Se fazemos muito de *qualquer coisa*, ficamos cansados dela. Mas nunca ficamos cansados do sentimento que estamos tentando gerar. Já se cansou de ser feliz? Já se cansou de estar realizado? Já se entediou de sorrir ou rir? Claro que não.

No paraíso, não precisaremos tentar gerar esses sentimentos artificialmente. Já os teremos, até o maior nível possível. Teremos esses sentimentos apenas pelo fato de estarmos com Deus, conforme veremos mais no próximo capítulo. Todos os prazeres dos quais desfrutaremos — e haverão muitos — serão apenas a cobertura do bolo. Por exemplo, teremos o prazer extraordinário de voar pelo ar, visitar grandes cidades, brincar com animais, explorar o universo, conhecer pessoas famosas da História e desenvolver os talentos que Deus nos deu, mas não *precisaremos* fazer nenhuma dessas coisas para sermos felizes. Assim, jamais ficaremos terrivelmente entediados com eles e seguiremos em frente pelo puro desejo de saciar um anseio. A felicidade será o nosso *ponto de partida*.

E quanto ao tédio com a existência em si — com todo o tempo que teremos em nossas mãos? Já dissemos que no paraíso tanto os seres humanos quanto a Terra vão experimentar a ressurreição. Eles renascerão para um novo tipo de vida. Bem, o mesmo valerá para o tempo — e sua ressurreição e transformação eliminarão qualquer possibilidade de tédio.

Como podemos ter certeza? Deus já nos deu algumas pistas maravilhosas. Todos já as vimos, mas talvez não as tenhamos identificado pelo que elas são: lampejos de nossa vida por vir.

Já ficou tão profundamente envolvido com seu trabalho ou com alguma atividade que perdeu a noção do tempo? Talvez estivesse comprando roupas num *shopping*. Talvez praticando algum esporte. Talvez fazendo amor... ou lendo um bom romance de mistério. Como a passagem dos minutos e das horas lhe pareceu nesses momentos? O tempo transcorreu muito depressa? Ele voou, como reza o ditado?

Às vezes, acontece o oposto. Lembra de estar sentado numa sala de aula quando era pequeno, observando os ponteiros do relógio moverem-se a passo de lesma na direção da hora da saída? O ponteiro dos segundos não pareceu levar uma eternidade pelo mostrador do relógio?

Por que o relógio parece andar tão devagar em alguns momentos e tão depressa em outros? E por que, em outros, ele parece ficar absolutamente imóvel?

Já teve a experiência de estar em pé diante de uma maravilha natural do mundo como o Grand Canyon ou a Glacier Bay — espetáculos tão extraordinários em dimensão e beleza que você mal conseguia pensar em algo mais; quando tudo na vida — incluindo o tempo — parou de existir, e havia apenas a visão diante de você? Já olhou nos olhos da pessoa que você mais amava no mundo inteiro e sentiu a mesma coisa?

Nesses momentos especiais, é difícil saber exatamente quanto tempo se passou. De uma forma muito especial, o tempo congela.

Chamamos essas experiências de *transcendentais*, porque elas transcendem todos os limites quantificáveis. Se usássemos um cronômetro para mensurá-las, veríamos que a razão de tempo real foi a mesma para cada uma delas — sessenta segundos por minuto, sessenta minutos por hora. Mas isso não importa. Embora a sensação de tempo possa ter sido subjetiva, a experiência foi real.

O paraíso será assim. A visão de Deus será muito mais maravilhosa do que o Grand Canyon. Portanto, nossa experiência de tempo será muito mais transcendente. Ninguém pode dizer com certeza se no paraíso as horas terão sessenta minutos ou vinte e cinco dias. Mas o tempo *existirá*, e você pode ter certeza de que iremos experimentá-lo de uma forma que *impossibilitará* o tédio. A melhor forma de resumir tudo isso é retornarmos, mais uma vez, ao exemplo de sua infância. Esse é o segredo para entendermos muita coisa sobre a vida após a morte. Até agora já vimos como uma criança numa sala de aula espera uma eternidade que seu dia escolar termine. Mas como essa mesma criança irá se sentir ao final do semestre, quando o período letivo acabar e as férias de verão começarem? Quanto tempo o verão irá *durar* para essa criança?

Não sei quanto a você, mas quando eu era um menininho, as férias de verão pareciam alegremente *infindáveis*. Olhando para trás agora, não posso acreditar que durassem apenas dois meses. Elas pareciam estender-se para sempre. Para ser preciso, os dias em si passavam voando. Mas isso era porque eu estava me divertindo muito. A dimensão do verão em si era vasta, o fim sempre parecia muito distante. O motivo é que eu estava fazendo coisas que *amava* fazer — como brincar com meus amigos — e não tinha fardos ou responsabilidades pesando em meus ombros.

Essa situação costuma se inverter à medida que envelhecemos. Conseguimos empregos que não são satisfatórios e nossas responsabilidades se multiplicam geometricamente. O resultado é que a forma como percebemos o tempo se inverte. Enquanto os dias em si transcorrem lentamente devido ao tédio e à responsabilidade, os anos passam a voar à velocidade da luz.

A eternidade no paraíso vai parecer uma reprise de nossos tempos de infância. Serão longas férias de verão de novo — ou talvez, o segundo dia de uma viagem realmente muito boa. Não teremos fardos sobre os ombros, nem tédio, frustrações ou qualquer sensação de estarmos sendo pressionados — apenas a emoção da antecipação por todos os anos maravilhosos que nos aguardam. Contudo, neste caso será realmente uma eternidade à nossa frente, e não apenas uma ilusão infantil.

CAPÍTULO 10

O ponto alto da viagem

Tenho sido extraordinariamente sortudo no número de viagens que fiz à Europa, especialmente à Itália. Contudo essas viagens, na sua maioria, foram puramente a negócios, e consegui espremer apenas algumas horas aqui e ali para passeios. Alguns anos atrás, decidi que era hora de fazer uma viagem decente à Itália. Nada de reuniões, trabalho ou qualquer tipo de compromisso. Enchi a viagem com o máximo de coisas divertidas nas quais consegui pensar. Minha esposa e eu passamos a primeira meia semana em Roma, visitando todas as magníficas igrejas e museus. Depois pegamos o trem até Veneza para ficarmos alguns dias ali, passeando de gôndola, relaxando na praça de São Marcos e comprando vidros em Murano. De lá seguimos para Florença, onde conhecemos o *Davi* de Miguel Ângelo e barganhamos com os vendedores de ouro na Ponte Vecchio.

Em seguida seguimos lentamente para o sul, fazendo várias excursões para maravilhosas cidades medievais como Assis e Orvietto. Até conseguimos visitar Nápoles, onde pegamos o aerobarco até a ilha de Capri e remamos pela Gruta Azul. Terminamos a viagem de volta em Roma, fazendo uma última ronda por todos os nossos cafés e restaurantes favoritos.

Como pode imaginar, nos divertimos muito. Mas sabe qual foi a melhor parte da viagem? A penúltima noite em Roma, quando voltamos para o hotel depois de um longo dia de passeio, e havia uma mensagem à nossa espera na mesa da gerência. Ela dizia: *Estejam nas Portas de Bronze amanhã às sete horas da manhã. Vocês foram convidados para comparecer à missa com o papa em sua capela particular.*

Lembrei de ter escrito uma carta para o secretário do papa dois meses antes, requerendo uma audiência. Mas nunca sonhei com a possibilidade daquilo realmente acontecer. Eu havia esquecido completamente de ter feito isso, e agora, lendo o bilhete no saguão do hotel, senti um arrepio na espinha.

Na manhã seguinte, quando ainda estava escuro, pegamos um táxi até a Basílica de São Pedro. Havia chovido durante a noite e os paralelepípedos ainda estavam reluzindo. Atravessamos a praça, passamos pelas fontes de Bernini e pela colunata, até chegarmos às "Portas de Bronze", onde fomos recebidos pela Guarda Suíça. Depois de revistados pela segurança, fomos conduzidos a uma sala de espera juntamente com algumas outras pessoas. Em seguida, subimos uma escadaria longa e sinuosa, passamos por um átrio e entramos em outra sala de espera, onde retiramos nossos casacos. Finalmente, fomos escoltados para uma sala muito pequena e decorada espartanamente: a capela particular do papa.

Ele já estava lá, de costas para nós, olhando para o altar. Estava ajoelhado, rezando. Não vou entrar em detalhes sobre a missa, exceto dizer que foi a experiência de uma vida. Este homem, que é o chefe de toda a Igreja Católica, e que tem o mesmo poder de influenciar a História que qualquer presidente ou líder mundial, estava de pé a menos de sessenta centímetros de mim, rezando, falando baixinho, até mesmo olhando nos meus olhos ocasionalmente.

Depois da missa, fomos conduzidos para fora da capela até a biblioteca do papa, onde formamos uma fila de cumprimentos e esperamos que o pontífice terminasse sua prece particular. Depois de cerca de dez minutos torturantes, as grandes portas de madeira finalmente se abriram e vimos a figura familiar de branco. O papa lentamente passou ao longo da fila, dizendo uma ou duas palavras para todos. Quando chegou a mim, fiquei parado ali, sem conseguir dizer uma palavra e com cara de bobo. Quando finalmente organizei meus pensamentos e abri a boca para falar, ele já tinha passado para a pessoa seguinte, que por acaso era minha esposa. Ela, é claro, não teve nenhuma dificuldade em dizer alguma coisa graciosa e apropriada.

Mas isso não importava para mim. Eu havia conhecido o papa.

A questão aqui é que embora minha viagem pela Itália tenha tido muitos momentos mágicos — visitar o Coliseu e a Capela Sistina, beber *chianti* na Toscana, fazer uma viagem de barco até o Grand Canal — um se destacou acima de todos os outros. Encontrar-me com o papa, ainda que por uns meros segundos, foi mais do que um prazer. Foi um momento de realização profunda. Na viagem de avião de volta para casa, foi sobre *isso* que mais falamos. Quando contamos aos nossos amigos sobre a viagem, essa era a parte que reservávamos para o fim. Daqui a muitos anos, quando recordarmos a viagem, essa será a parte que lembraremos como o ponto alto de nossa visita à Itália. Não porque o papa seja santo ou porque ele seja melhor que os outros, mas simplesmente porque possui uma posição de liderança na Igreja e no mundo que merece respeito profundo.

Todos teremos uma experiência desse tipo no paraíso.

Ao longo deste livro, falamos sobre todas as pessoas maravilhosas que conheceremos e dos lugares aos quais iremos depois da morte. Mas nada se compara com a emoção de *conhecer Deus*. Deus é infinitamente maior que o papa ou qualquer outro ser criado. Portanto, a alegria que desfrutaremos ao conhecê-lo será infinitamente maior do que qualquer prazer que sentimos ao conhecer alguma pessoa em posto elevado aqui na Terra. Todos sabemos como pode ser divertido conhecer celebridades ou personalidades do mundo dos esportes. As pessoas fazem de tudo para conseguir passes para os bastidores de shows, para ver seus astros de rock favoritos e pedir autógrafos. Bem, Deus é o rei de todas as celebridades! Ele é famoso há mais de um milhão de anos. É o maior artista que já viveu. É um campeão mundial que jamais perdeu uma luta. E ele escreveu a Bíblia, o que faz Dele o autor do maior best seller de todos os tempos.

Mas Deus é ainda mais do que isso.

A Bíblia não diz apenas que Deus é o criador da beleza, poder, verdade e vida. Diz que Ele *é* beleza, poder, verdade e vida.[1] Esse é um conceito difícil de entender. Significa que quando vemos objetos materiais na Terra que possuem essas características, eles são na verdade apenas *reflexos* de qualidades diferentes de Deus. Você pode dizer que são como fotografias de Deus de ângulos diferentes. A explicação teológica é que Deus é tão grande que nenhuma de suas criações pode refleti-lo *plenamente*. Em vez disso, cada uma delas reflete uma pequena parte Dele. Alguns objetos criados refletem beleza, outros amor, outros verdade — todos variando em graus e combinações diferentes.

A questão é, se podemos experimentar alegria ao olhar para meros reflexos, o que o artigo autêntico fará conosco quando finalmente o encontrarmos?

Deixe-me colocar de outra forma. As pessoas perdem a fala e ficam nervosas quando encontram uma pessoa bonita do sexo oposto. Como você acha que iremos nos sentir quando conhecermos a fonte de *toda beleza*? As pessoas sentem-se intimidadas quando vêem o presidente dos Estados Unidos, parado com todos os agentes do Serviço Secreto à sua volta, o líder do país mais poderoso do mundo. Como você acha que vai se sentir quando conhecer a fonte de *todo poder*? As pessoas ficam impressionadas quando conhecem alguém inteligente — um grande médico, um cientista, um professor. Imagine como irão se sentir quando conhecerem a fonte de *todo o conhecimento*.

Ao longo deste livro conversamos sobre os prazeres maravilhosos que desfrutaremos no paraíso. Mas existe uma distinção importante que ainda não fizemos realmente entre a alegria fugaz do "prazer" e a alegria profunda da verdadeira "felicidade". Nós vamos experimentar isso no paraíso também, e sua fonte primária será ver Deus.

Durante séculos, os teólogos tentaram descrever como será essa experiência de ver Deus, cara a cara. Eles até bolaram um nome para isso: *visão beatífica.*

Eles disseram que esta visão beatífica será a emoção mais alegre, empolgante e profundamente satisfatória que os seres humanos podem ter. Disseram que a visão beatífica irá nos prover uma sensação de *felicidade suprema*; que depois que olharmos para Deus, será impossível que voltemos a nos sentir tristes, abalados ou deprimidos. De fato, a visão beatífica é tão poderosa que os teólogos argumentaram que se Deus não nos proteger, nossas almas e corpos serão aniquilados apenas por estar em sua presença.

Olhar para nosso criador poderia nos causar dor? Pense no sol. Nós adoramos andar ao ar livre durante o verão, ir à praia, praticar esportes, sentar e ler debaixo de uma árvore. Mas jamais pensaríamos em olhar diretamente para o sol mais do que alguns segundos. Se fizéssemos isso, nossos nervos óticos queimariam e ficaríamos cegos. Bem, Deus *criou* o sol. Ele é a fonte de seu poder. Faz sentido que Ele seja "demais" para nós suportarmos.

Na verdade, sempre que alguém na história declarou ter tido uma visão de Deus, afirmou ter ficado "estarrecido" ou "pasmado". Os místicos cristãos freqüentemente usaram a palavra *êxtase* para descrever o fenômeno. Qualquer que seja a terminologia, ela significa alguma coisa incrivelmente poderosa. São Paulo ficou cego na estrada para Damasco. Tomás de Aquino, depois de ter tido um mero vislumbre de Deus enquanto rezava, ficou praticamente paralisado. "Não posso agüentar mais", disse ele. "Coisas tais me foram reveladas que tudo que escrevi até hoje me parece leve como palha."

Sabemos que, no paraíso, Deus terá de encontrar alguma forma de nos proteger contra seu poder assombroso, porque Ele pretende se revelar a nós mais claramente do que a qualquer pessoa na Bíblia ou na Igreja. Ele tenciona dar-nos a habilidade de olhar direto para o Seu rosto, sem nada para intermediar, e experimentar todo o amor e alegria que nossas almas puderem suportar.

A propósito, a quantidade dessa alegria será diferente para cada um de nós. Como dissemos antes, o paraíso é um lugar de alegria suprema, mas também é verdade que o *nível* de alegria que experimentaremos será determinado pelo que fizermos *nesta* vida. Uma pessoa cuja fé em Deus brilhou através de todas as provações da vida, que jamais deixou de rezar, que suportou pacientemente os sofrimentos e levou uma existência santa, altruísta e cheia de sacrifícios, receberá uma recompensa maior do que alguém que por um tantinho assim não conseguiria entrar no paraíso!

Você deve estar se perguntando como alguém no paraíso pode receber uma quantidade "menor" de felicidade e ainda assim ser absolutamente feliz e sentir-se tão "realizado" quanto uma pessoa que recebe mais. Thérèse de Lisieux, em seu livro *Diary of a Soul*, usou uma metáfora maravilhosa para ilustrar este paradoxo. Ela descreveu como sua irmã pegou dois copos de tamanhos diferentes — um grande, um pequeno — e os encheu até a borda com água. Então ela perguntou: "Qual está mais cheio?" Obviamente, ambos estavam igualmente cheios, embora diferissem em sua capacidade de conter água. O mesmo vale para nós. No paraíso haverá santos magníficos (os copos grandes, se você preferir) em cujas almas Deus despejará quantidades incríveis de honra, glória e felicidade. Também haverá santos não tão magníficos, cujas vidas na Terra não foram cheias de fé e amor, mas que, não obstante, receberam a salvação do Senhor. Esses santos serão como os copos pequenos; e embora eles também serão cheios até a borda com tanta felicidade e honra quanto possam suportar, não terão a mesma capacidade para a felicidade que alguns de seus colegas santos e santas. Quanto falamos sobre as "recompensas" diferentes que Deus dará a cada um de nós depois que morrermos, na verdade estamos falando sobre esta capacidade de sermos preenchidos por Deus. A boa notícia é que ainda há tempo para cada um de nós decidir qual será a nossa capacidade para alegria no paraíso. Ainda temos tempo para aumentar nossos copos, aumentá-los até o volume que desejarmos.

Contudo, a despeito do nível de alegria que venhamos a receber, o importante é que a visão de Deus vai nos deixar felizes. O problema é que embora possamos compreender, intelectualmente, que a visão beatífica irá nos dar uma alegria extraordinária, não iremos necessariamente *senti-la* em nossas entranhas. Afinal de contas, é um pouco difícil se animar com a idéia de desfrutar de uma visão que pode nos destruir! E o termo "visão beatífica" em si é tão abstrato e teológico que é difícil nos entusiasmarmos com ela. Para nossa sorte, Deus compreende como nossas mentes funcionam. Afinal, Ele inventou a psicologia. Deus sabe como é difícil para nós nos conectarmos emocionalmente com um espírito que não podemos ver nem tocar. Assim, Ele nos deu um grande presente. Há dois mil anos, Deus decidiu *facilitar* para suas criaturas poderem conhecê-lo pessoalmente. Ele fez isso da forma mais surpreendente: tornando-se um de nós.[2]

Todo mundo conhece a história do primeiro Natal, quando uma criança nasceu para Maria num estábulo em Belém, e como os anjos proclamaram aos pastores no campo que um salvador chegara ao mundo. Como cristãos, acreditamos que o próprio Deus assumiu uma forma humana para que pudesse pessoalmente experimentar todo o sofrimento do mundo, e assim pagar pelos pecados de nossos primeiros pais, Adão e Eva, e possibilitar que nossos pecados também fossem perdoados.

Colocando em termos simples, os cristãos acreditam que Jesus é Deus, e que o Deus-Filho é Jesus. Anteriormente dissemos que Deus na verdade é três "pessoas" em uma: Pai, Filho e Espírito Santo. Os cristãos afirmam que Jesus é a *segunda pessoa* da Santíssima Trindade, e que ele se tornou humano todos aqueles anos atrás e permanece em sua natureza humana *hoje*, no paraíso.

Aqui encontramos um ponto crítico. Se realmente queremos compreender como é maravilhoso conhecer Deus, primeiro precisamos esvaziar de nossas mentes a noção de que conheceremos apenas um espírito. Vamos conhecer um *homem*. Quando chegarmos ao paraíso, não veremos Deus simplesmente flutuando nas nuvens. O Deus-Filho — a segunda pessoa da trindade Deus — estará *caminhando* no chão. A experiência da visão beatífica portanto será tão real e física quanto qualquer outra coisa sobre a qual falamos neste livro.

O Deus que iremos conhecer depois de morrermos é o mesmo carpinteiro que viveu em Nazaré todos aqueles anos atrás. Ele é o mesmo milagreiro que fez "mendigos aleijados caminharem e cegos enxergarem", o mesmo homem que ressuscitou aquela menininha. Ele porta os mesmos ferimentos que recebeu no dia que foi crucificado. Ele tem o mesmo cabelo, nariz, olhos e mãos que o homem que apareceu para os apóstolos na manhã do domingo de Páscoa. Não há nada em qualquer parte das escrituras que sugira outra coisa.

Sei que é estranho visualizar as coisas desta forma, mas é a isso que todo o cristianismo realmente se resume. O Deus-Filho caminhará, falará, rirá e desfrutará de toda a experiência junto conosco.

Se quer uma boa idéia de qual será a nossa interação com Deus no paraíso, dê uma lida em João 21, e verá uma das cenas mais bonitas e encantadoras em toda a Bíblia. Ela ocorre *depois* que Cristo levantou dos mortos e está com seu corpo glorificado — o mesmo que veremos no paraíso. Numa bela manhã, os apóstolos saem para pescar e de repente o vêem na praia:

"Mas ao clarear da madrugada, estava Jesus na praia. (...) Ao saltarem em terra [os apóstolos] viram ali umas brasas e em cima peixes; e havia também pão. (...) Disse-lhes Jesus: Vinde, comei."[3]

Cristo poderia ter simplesmente aparecido para seus seguidores dentro de uma casa (como fez em outras ocasiões), mas preferiu uma coisa mais agradável, uma coisa mais humana, uma coisa mais *divertida*. Decidiu preparar um almoço ao ar livre para seus apóstolos! O Deus-Filho realmente preparou-lhes um piquenique na praia, completo com peixe assado! Esse é o ambiente que ele escolheu para uma de suas principais aparições depois da ressurreição.

E é *assim* que será no paraíso. Esse é o tipo de relacionamento que teremos com Cristo. Por causa disso, será ainda mais fácil amá-lo, de uma forma humana.

Tudo que Deus fez como Jesus Cristo foi calculado para aproximá-lo de nós. Ao se tornar um bebezinho, Deus facilitou que nos *aproximássemos* Dele. (O que é menos intimidador do que uma criança?) Quando se tornou um humilde carpinteiro, em vez de alguém rico e famoso, Deus estava facilitando que nos *relacionássemos* com Ele. Quando escolheu sofrer uma morte marcada por dores excruciantes, estava facilitando para que sentíssemos *empatia* por Ele. Quando se levantou dos mortos no domingo de Páscoa e abriu os portões do paraíso para os demais de nós que iriam morrer, estava facilitando para Lhe sermos *gratos*.

A encarnação (Deus feito Homem) não foi apenas um ato de bondade da parte de Deus, foi um golpe de gênio! No primeiro Natal, Deus mergulhou de cabeça no caldeirão da experiência humana. Ele esticou o braço do paraíso e "sujou as mãos", por assim dizer. Num golpe brilhante, demoliu para sempre a idéia de um criador abstrato e invisível.

O que tudo isto significa em termos de nossa vida no mundo por vir? Freqüentemente os cristãos falam sobre a necessidade de desenvolver um "relacionamento pessoal" com Cristo. No paraíso, esse relacionamento florescerá além de nossa imaginação mais desvairada. Quando nos receber no paraíso, Deus não vai apenas apertar nossas mãos ou nos dar um autógrafo, como as celebridades fazem aqui na Terra. Ele vai passar "tempo de qualidade" conosco. Poderemos olhar nos olhos de Deus quando estivermos falando com Ele. E quando o adorarmos não será simplesmente como ir à igreja na manhã de domingo (embora eu tenha certeza de que haverá alguma coisa assim no paraíso também). Muitas das orações que fizermos no paraíso poderão ser simples conversas através das quais agradeceremos a Deus *cara a cara* por todas as coisas boas que Ele fez por nós.

Outra coisa que acontecerá é que Deus responderá a todas as *perguntas* que tivermos sobre nossa vida na Terra. Todo mundo tem perguntas não respondidas. Grandes perguntas como: Por que nasci? Qual é o significado da minha existência? Qual é o propósito do sofrimento? E perguntas menores sobre os eventos dolorosos da nossa vida: Por que minha mãe morreu quando eu tinha treze anos? Por que fiquei aleijado naquele acidente? Por que meu pai teve mal de Alzheimer? Por que não fui capaz de ter filhos? Por que fiquei tão deprimido e solitário por tanto tempo?

Algumas vezes nossas perguntas serão de uma natureza menos traumática: Por que não consegui aquele emprego que queria tanto? Por que minha vida tomou essa direção e não aquela que eu tinha planejado originalmente? Por que esse relacionamento não funcionou?

Quaisquer que sejam nossas perguntas, o fato é que elas *precisam* ser respondidas. No paraíso, Deus vai responder a cada uma delas. O Evangelho Segundo João diz: "Nesse dia, não haverá mais perguntas."[4]

Você pode dizer que Deus irá nos conduzir numa espécie de excursão pessoal. Não uma excursão pelo paraíso — mas por *nossas vidas.* Ele vai nos mostrar todos os detalhes de nossa existência terrena, desde nosso nascimento até nossa morte, conduzindo-nos através de todas as curvas e depressões no caminho, todas as decepções, todos os sucessos, todos os fracassos, todos os triunfos. Isto não deve ser confundido com o Juízo Final ou com a doutrina católica do purgatório. Estou me referindo aqui ao fato de que Deus pretende revelar para nós seu grande plano para nossas vidas, e como todos os eventos que experimentamos — até mesmo os trágicos — de algum modo se encaixam nesse plano.[5] Você já ouviu a expressão "tudo acontece por um motivo". No paraíso, vamos descobrir quais são esses motivos. Vamos ver como todas as peças do quebra-cabeça se encaixam.

É impossível fazermos isso agora, pelo simples motivo de que vivemos no "tempo". Os seres humanos têm passado, presente e futuro. Vivenciamos a vida como uma série de momentos sucessivos, e jamais podemos saber com certeza o que o próximo momento trará.

Não é assim para Deus. Deus está *fora* do tempo. Quando olha para baixo e vê a vida de Fulano de Tal, Deus não vê apenas Fulano como ele é *agora*. Ele vê toda a vida dele, do início ao fim. É como se estivesse olhando para uma página intitulada *Fulano*. Pode olhar para o topo da página e ver o nascimento de Fulano, pode olhar para o meio da página e vê-lo se casando, e pode correr os olhos até o fundo da página e ver Fulano morrendo no hospital cercado pelos netos. Ele vê tudo isso de uma vez só.

Deus vê todas as escolhas que vamos fazer em nossas vidas, e o resultado dessas escolhas. Vê os erros, os pecados, os fracassos. Vê tudo que iremos fazer, e vê tudo adiante do tempo. Para realizar Sua vontade, pega todas essas escolhas e as *dispõe* de uma forma tal que possibilite a concretização de seu plano. Os teólogos chamam isso de *Providência*.

Como Deus é capaz de reconciliar sua Providência com nossa liberdade é um dos grandes mistérios de nossa fé. Sabemos que quando alguma coisa "ruim" acontece, Deus a permite, mas que Ele também dispõe os eventos de uma forma tal que coisas "boas" acabem por resultar da "ruim". No paraíso, Deus finalmente irá nos mostrar de que forma fez isso, e que coisas específicas gerou. Descobriremos por que a pessoa a quem amávamos morreu tão jovem; por que aquelas garotas no noticiário foram brutalmente estupradas e mortas; por que aquele menininho do seu bairro é autista — por que Deus permitiu que todas esas coisas horríveis acontecessem, e como descobriu uma maneira de usá-las para realizar algum bem maior.

Deus raramente nos conta seus motivos para permitir tragédias como essas. Geralmente, nos pede para confiar Nele e em Seu julgamento. Seu propósito, sempre, é nos aproximar Dele. Às vezes isso acontece imediatamente; às vezes demora anos, especialmente depois da morte de alguém muito próximo. Infelizmente não saberemos a resposta para cada pergunta até estarmos com Deus no paraíso.

Cabe frisar que não devemos temer que Deus irá nos forçar a reviver as lembranças dolorosas de nossa vida na Terra. Não vamos começar nossa estada no paraíso chorando! O cristianismo nos ensina que no paraíso nossas memórias serão mais claras e vívidas do que antes, mas que não olharemos para nenhuma delas com tristeza. Lembraremos até das tragédias com alegria, porque Deus estará ao nosso lado e nos mostrará como esses momentos ajudaram a nos conduzir, de alguma forma, ao paraíso.[6]

Também não devemos ter a idéia de que esta excursão por nossas vidas é mera representação de todas as coisas negativas que nos aconteceram. Deus tenciona mostrar-nos também os resultados de nossas boas escolhas. Porque cada vez que fazemos alguma coisa de acordo com a vontade de Deus, estabelecemos uma reação em cadeia de boas ações. Não que essas conseqüências sejam sempre aprazíveis. Pelo contrário, as escolhas que fazemos em obediência a Deus freqüentemente conduzirão a uma série de tormentos para nós. Mas, no fim, elas sempre constroem alguma coisa boa.

O filme *A felicidade não se compra*, de Frank Capra, ilustra isso perfeitamente. No filme, um anjo mostra a um cidadão de cidade pequena chamado George Bailey como o mundo seria se ele jamais tivesse nascido. Há uma cena no fim do filme em que o anjo conduz George até um cemitério e lhe mostra a sepultura de seu irmão mais novo, Harry, cuja vida George salvara quando eram meninos. George reage com fúria quando vê o nome de seu irmão na lápide, e grita: "Isso é uma mentira. Harry Bailey foi para a guerra e ganhou a Medalha de Honra do Congresso. Ele salvou as vidas de cada homem em seu navio." O anjo responde calmamente: "Cada homem naquele navio morreu. Harry não estava presente para salvá-*los* porque *você* não esteve presente para salvar Harry... É estranho, não é? A vida de cada homem toca muitas outras vidas, e quando não está presente, ele deixa um vazio terrível."

Nenhum ato de bondade termina com o fim da ação em si. Ele prossegue por uma corrente muito longa. O mesmo vale para nossas preces. Nenhuma oração, por menor que seja, deixa de surtir um resultado. Deus sempre responde de alguma forma. Talvez não da forma que você deseja, talvez não da forma que espera, mas sempre da forma que você *precisa*... sempre da forma que é melhor para a pessoa por quem você está rezando.

No paraíso, Deus vai revelar as conseqüências de todas as nossas ações e de todas as nossas preces.[7] Ele vai nos mostrar milhões de correntes invisíveis que foram entrelaçadas através das eras, conectando um estranho a outro, um evento a outro, uma geração a outra. Ao final dessa grande excursão por nossas vidas, teremos um entendimento mais pleno, rico e verdadeiro do impacto que exercemos naqueles que nos cercam — e no mundo inteiro. Apenas isso já bastaria para fazer desta a viagem de uma vida.

CAPÍTULO 11

Uma transformação celestial

Até este momento, ainda não conversamos sobre a influência que o paraíso exerce sobre nossas vidas *agora*. Sim, este assunto está profundamente associado com toda a doutrina cristã da vida após a morte. De fato, tem muita relação com uma crença básica mantida por todas as igrejas cristãs: Cada ser humano é *especial* aos olhos de Deus.

Por que é tão importante que sejamos especiais?

Mais uma vez, vamos comparar nosso tema com uma viagem. Por que você acha que as pessoas gostam de viajar na primeira classe? É apenas porque elas embarcam no avião mais cedo, ou porque dispõem de mais espaço para suas pernas? Porque as aeromoças as mimam com comida e bebida, ou porque as filas do banheiro são menores?

Todos esses são bons motivos, mas há mais uma coisa, também. Estar num ambiente classudo, seja num avião, trem, navio ou restaurante, nos dá a sensação de que temos grande valor... que somos *alguém*. Afinal, por que mais seríamos tratados tão bem por completos estranhos?

O mesmo vale para *spas* luxuosos, onde as pessoas passam seus dias fazendo as unhas, pequenas operações plásticas e massagens. Na verdade, isso pode ser muito perigoso para nós, espiritualmente. Se isso se traduz numa necessidade de sentir que somos "melhores" que os outros. "Eu dirijo uma Mercedes, possuo uma casa num bairro chique, visto roupas dos estilistas mais famosos, matriculo meus filhos nas melhores escolas, como nos restaurantes mais refinados; *portanto*, devo ter mais valor que o próximo, que não conhece as 'melhores coisas da vida'."

Assim como se viciam em drogas, as pessoas podem se viciar em *"status"*. Se você cair nessa armadilha, faça tudo para fugir dela. Senão, sua vida pode se deteriorar rapidamente numa forma tola de competição por bens e serviços que no fim das contas não signifiquem nada. O resultado final, se não for corrigido bem depressa, é uma vida infeliz e insatisfeita, cheia de pequenas invejas e relacionamentos ocos.

Porém, se conseguir evitar essa forma distorcida de pensar, existe uma coisa muito boa e até santificada quanto a querer sentir-se especial. Como todas as necessidades humanas básicas, a necessidade por significância provém diretamente de Deus — ele colocou esse desejo dentro de nós.

Quando Deus criou a você e a mim, ele não nos deu apenas impressões digitais físicas. Ele nos deu também *impressões digitais espirituais.*[1] O que isto significa é que cada ser humano é radicalmente único. De todos os bilhões de pessoas que habitam este planeta, *você* recebeu alguma característica, habilidade ou talento que ninguém mais possui.

Como podemos explicar isso em termos teológicos? Bem, dissemos antes que Deus é um ser "infinito" e que cada objeto material sob o sol O reflete de algum modo. O mesmo vale para nós. Todos temos em nosso íntimo alguma qualidade especial que reflete Deus *de forma diferente e mais perfeita* do que qualquer outra pessoa.

Este conceito de "refletir Deus" necessariamente não tem relação com santidade. Pode não haver nada em você mais virtuoso do que, digamos, nos apóstolos. Mas pode ter certeza de que, em algum aspecto de sua personalidade, você é *superior* a eles — pelo menos potencialmente. Pode ser apenas que cante melhor, ou pinte melhor, ou tenha um senso de humor melhor, ou seja mais inteligente no que diz respeito a analisar coisas. Quaisquer que sejam seus dons especiais, é um *fato* que você possui a habilidade dada por Deus para fazer certas coisas que nem eles nem mais ninguém poderia.

O mesmo vale para quando você se compara com qualquer personalidade ilustre da história. O seu conjunto particular de habilidades e a sua combinação de características de personalidade é diferente das de Napoleão, César, Joana D'Arc, George Washington e outros. De certa forma, potencialmente maior. *Todo mundo* na vida recebeu algum dom especial. Isso pode soar um lugar-comum, mas é verdadeiro no sentido mais profundo. Seja o monarca mais poderoso ou o mais frágil inválido, existe *alguma coisa* em você que é empolgante e única aos olhos de Deus. O problema é que muitos de nós jamais descobrimos qual é a nossa "especialidade".

Podemos passar nossas vidas completamente alheios ao fato de que somos *parecidos* com Deus em algum aspecto que ninguém mais é. Não é necessariamente culpa nossa. Ocasionalmente, as habilidades especiais de uma pessoa estão escondidas por trás de uma parede impenetrável de inabilidade, autismo ou velhice. Deus pode ter visão de raio X e a capacidade de enxergar essa grandeza individual, mas não dispomos desse poder, e às vezes não compreendemos que esses seres humanos são tão valiosos quanto nós.

Felizmente, no paraíso não será assim. Como já vimos, quando experimentarmos a ressurreição, entraremos no paraíso como nossas identidades melhores e mais verdadeiras — com nosso potencial plenamente realizado. Você pode dizer que nossas impressões digitais espirituais se tornarão mais "definidas". Mesmo se não desenvolvermos todos os nossos dons nesta vida, Deus irá dá-los de volta para nós, bem maiores, na próxima vida.

Deus tem esse hábito. Ele adora devolver-nos coisas depois de tê-las aumentado e transformado. Por exemplo, Ele nos pede para ajudar abnegadamente os pobres, e depois nos devolve uma vida infinitamente mais rica em satisfação. Ele nos pede para sacrificar nosso tempo, dinheiro e às vezes nossa sanidade, por nossos filhos, e depois nos presenteia com a alegria bem maior de vê-los crescer. Ele nos pede que vivamos nossas vidas em nome do Reino do Paraíso, e depois nos presenteia com o que pode ser uma vida maravilhosamente empolgante *aqui*.

Este último comentário — sobre a vida na Terra — exige um pouco de nossa atenção, porque é o ponto mais atacado pelos críticos do paraíso. Essas pessoas acreditam que o próprio conceito de paraíso é destrutivo porque faz as pessoas depositarem seus sonhos e esperanças na próxima vida, e esquecer *desta*. Segundo este raciocínio, as pessoas que possuem uma fé poderosa no paraíso são mais propensas a ter vidas insatisfatórias e não realizadas agora, devido à sua crença de que serão "ressarcidas" com uma recompensa maior depois que morrerem. Portanto, o paraíso na verdade sufoca o espírito humano; suga a criatividade; entorpece o amor pela aventura e, finalmente, desvaloriza nossas vidas.

Isso pode ser verdade?

Claro que não! A verdade é exatamente oposta. Quando você olha para trás, para o longo caminho da História humana, é óbvio que muitas das pessoas que exerceram mais impacto na civilização acreditavam em Deus. Os mais notáveis artistas, músicos, exploradores, líderes políticos, monarcas, militares, escritores, cientistas e reformadores do passado tinham fé na próxima vida. É claro que nem todas essas pessoas eram "boas". Inclusive, algumas tinham noções muito distorcidas sobre Deus e usaram suas religiões para justificar suas vidas pecaminosas. Mas fossem essas personalidades históricas santos ou pecadores, sua crença na próxima vida certamente não sufocava suas atividades neste mundo.

Por que é assim? Simplesmente porque a fé em Deus e no paraíso deixa você *mais* interessado no que faz nesta vida... e não menos. As pessoas que acreditam estar destinadas a mais do que uma cova, também estão cientes de que a forma como agem *agora* tem importância além do "dia-a-dia".

Os cristãos, especialmente, sabem que o funeral não é o fim da história. Sabemos que fomos feitos para a eternidade. Portanto, possuímos um valor e uma dignidade inerentes apenas por sermos humanos. E como nossos irmãos humanos têm o mesmo valor e a mesma dignidade — quaisquer que sejam suas posições sociais ou condições físicas — temos a obrigação de cuidar deles e tratá-los como irmãos e irmãs. Além disso, quando vemos injustiças cometidas contra eles, temos a responsabilidade de interceder em seu benefício.

Além de tudo isto, as pessoas que acreditam no paraíso sabem que aquilo que fazemos nesta vida *afeta* a próxima. Algum dia (talvez mais cedo do que pensamos) teremos de apresentar uma contabilidade a nosso respeito: como vivemos, que coisas foram importantes para nós, o quanto fomos generosos, com que freqüência desobedecemos Deus. Em suma, nós vamos ser *julgados*.

Portanto, os verdadeiros crentes estão *intensamente* interessados nesta vida. Talvez nem sempre sigam à risca os mandamentos de sua religião, mas não ficam parados sem fazer nada, esperando que Deus os leve para o paraíso. Eles são o mais ativos e enérgicos que podem neste mundo.

Mais uma vez, tudo se resume ao que acabamos de dizer sobre sermos especiais. Se você está realmente interessado no que o cristianismo ensina sobre a pessoa humana — que somos destinados para a eternidade, que somos amados por Deus, que somos radicalmente únicos — então não terá nenhum problema em entender por que é imperativo darmos nosso máximo para levar na Terra vidas extraordinárias. Vidas morais extraordinárias, vidas sociais e vidas físicas extraordinárias. Somente atingindo níveis extraordinários em tudo que fazemos, podemos descobrir o plano único e especial de Deus para a nossa vida.

É claro que sabemos que nem sempre é fácil fazer isto. É difícil trabalhar constantemente rumo a um "aperfeiçoamento". É muito mais simples tomar o caminho da menor resistência. Contudo, o resultado dessa lassidão é que nossos talentos únicos freqüentemente permanecem enterrados por longos períodos. Como notamos antes, podemos facilmente nos viciar em "*status*" como um substituto para significância genuína, e passar nossas vidas lutando para obter a mera ilusão de sermos especiais.

Mas não precisa ser assim. Deus nos concedeu a necessidade de nos sentirmos especiais, mas também nos deu a *capacidade*. Cristo disse: "Eu vim para que tenham vida e a tenham em abundância."[2] Jesus não estava se referindo apenas à vida na Terra quando disse isso. Estava se referindo à vida abundante, extraordinária e heróica que Ele quer que tenhamos *agora*.

Se você tem alguma dúvida a respeito da importância do *agora*, simplesmente abra o Novo Testamento. Por todas as páginas dos Evangelhos, Cristo descreve o paraíso como um lugar do futuro e como uma coisa que podemos experimentar — até certo grau — no presente. Este é um detalhe que os ateus sempre preferem ignorar. Eles tentam pintar o cristianismo como sombrio, deprimente e concentrado na morte. Eles esquecem que o próprio Cristo constantemente dizia coisas como "está próximo o reino dos céus".[3]

Como o reino dos céus (o paraíso) pode estar "próximo"? O cristianismo ensina que embora o paraíso seja um lugar muito real e concreto — um lugar do futuro — ele também tem o poder de misteriosamente se "infiltrar" neste mundo. Isto é ilustrado belissimamente por um evento estranho, quase surreal, relatado pelos evangelistas. É um evento que, propriamente compreendido, demonstra o grande potencial para crescimento que todos nós temos.

Certa noite antes de sua crucificação, Jesus convidou três de seus discípulos mais íntimos — Pedro, João e Tiago — para subir uma colina com Ele. No alto da colina, Jesus começou a rezar. Enquanto falava com seu Pai no paraíso, o rosto de Jesus subitamente mudou e ficou muito brilhante. Suas roupas ficaram "ofuscantemente brancas" e luminosas. Do nada, duas figuras do Antigo Testamento apareceram ao lado de Jesus e começaram a falar com Ele sobre sua morte iminente. Então uma nuvem cobriu o topo da colina, e a voz de Deus saiu de dentro dela, dizendo: "Este é meu Filho, o meu eleito. A Ele ouvi." De repente a nuvem desapareceu e ficou escuro novamente, e os discípulos estavam sozinhos com Jesus no alto da colina.[4]

Os apóstolos, naturalmente, ficaram assustados com tudo isso. Eles não entenderam o que houve. Na verdade, o que testemunharam foi o paraíso descendo à Terra. O que viram foi Cristo como realmente era, em sua glória celestial.

Este evento passou a ser conhecido como a "Transfiguração", porque Cristo transformou-se, fisicamente, diante dos olhos de seus discípulos. Durante todo o tempo que passou com eles — mesmo enquanto executava grandes milagres — Cristo parecia, falava e agia como um ser humano normal. Mas nesta ocasião única, Ele escolheu revelar sua divindade surpreendente. Por que Jesus fez isso?

Indubitavelmente, há muitas explicações teológicas. Uma é simplesmente que Jesus queria preparar os apóstolos para a crucificação. Jesus sabia que vê-Lo morrer abalaria a fé de seus discípulos, e por isso quis dar-lhes alguma coisa para fortalecê-los.

Mas a Transfiguração tem outra lição para nos oferecer. E se aplica a seres humanos de qualquer era, geração ou faixa etária.

Quando foi transfigurado naquela pequena colina na Judéia, Cristo não estava apenas revelando sua glória — estava revelando a *nossa*, também. Ao demonstrar sua divindade para os apóstolos, estava também nos mostrando a majestade espiritual que todos possuímos, porque somos feitos à imagem e à semelhança de Deus. O que Cristo estava essencialmente fazendo era nos dar uma demonstração prática do potencial que os seres humanos têm para levar vidas ofuscantes, luminosas, gloriosas.

Anteriormente neste livro, descrevemos como Cristo se levantou dos mortos e apareceu para Seus discípulos no domingo de Páscoa; como exibiu qualidades surpreendentemente poderosas que nos deram um lampejo de como seremos no paraíso. Mas Cristo não estava satisfeito em esperar até depois da ressurreição para manifestar tais qualidades. Ele deliberadamente se transfigurou *antes* de sua morte. Ao fazer isso, enviou-nos uma mensagem: não *precisamos* esperar até estarmos mortos para experimentar o poder e a glória do paraíso. Devido ao fato de termos almas imortais, possuímos o poder de viver vidas "transfiguradas" aqui mesmo, na Terra.

Como podemos fazer isso?

Temo que isto seja assunto para outro livro. Mas vou lhes dar uma pista: isso envolve toda uma nova forma de olhar para si mesmo e para o seu potencial, uma nova convicção que você precisa ter sobre as habilidades concedidas por Deus para transformar sua vida — não apenas mediante seus próprios esforços disciplinados, mas através da assistência de um Deus que está disposto a ajudá-lo no momento em que você precisar.

Envolve viver sua fé ao máximo e exercer o verdadeiro significado do amor em sua vida, o que implica sacrificar seus desejos em benefício dos outros. Envolve dedicar-se a aliviar o sofrimento dos outros. Envolve ousar fazer coisas grandes aos olhos de Deus, mesmo se estiver restrito a uma cama de hospital.

Numa palavra, significa pegar a "visão" da Transfiguração e aplicá-la em sua própria vida.

Permita que lhe dê um exemplo. Tenho uma amiga que recentemente derrotou o câncer. Foi um processo longo e doloroso, com muitos dias bons e ruins, cheios de sofrimentos, emocionais e físicos. Mas, miraculosamente, ela triunfou. Minha amiga era uma pessoa relativamente bem-sucedida antes de contrair a doença, mas agora é uma usina de atividade. Não apenas está empolgada com a vida, como realizando manobras ousadas e empolgantes que jamais sonharia em tentar anos atrás. Por quê? Porque enfrentou a morte com coragem e fé, compreendendo que Deus estaria com ela qualquer que fosse o resultado, e conseguiu escapar de uma tragédia. No fim, Deus tinha outros planos para a minha amiga. Agora ela está em remissão e teve sua permanência na vida prolongada. Porém, sua vida agora é um *novo tipo* de vida. Uma vida desagrilhoada do medo paralisante da morte — uma vida de maiores riscos e sonhos mais elevados. Não me refiro apenas a dinheiro ou posição social, e sim a fazer coisas valiosas e realizar conquistas dignas.

A crença no paraíso não o restringe. Ela liberta você e sua vida. Ela ensina que não está aqui por acaso, que tem o poder de dominar seu destino, que Deus tem planos heróicos para você, e que nada — nada exceto dar as costas para Deus — pode realmente feri-lo.

Algumas pessoas podem achar exagero empregar termos como *heróico* e *glorioso*, mas eu lhe asseguro, não é. Seja você o diretor de uma corporação de um bilhão de dólares, um adolescente atormentado por dúvidas e inseguranças, um idoso maltratado por doenças, uma mulher tentando equilibrar família e carreira, um viciado em drogas que chegou ao fundo do poço, um advogado sobrecarregado com trabalho, ou uma mãe subestimada — Deus tem grandes planos para você, e tudo que precisa fazer é ouvi-Lo.

O objetivo de Deus, sempre, é pegar a vida com que você nasceu, ou a vida que criou para si mesmo, e transformá-la numa coisa maior, grandiosa, surpreendente.

O mistério é como essa "grandiosidade" irá se manifestar. Talvez você esteja destinado a salvar a vida de alguém de um incêndio. Talvez esteja destinado a ganhar milhões de dólares e doá-los para caridade. Talvez sua filha descobrirá um dia a cura para o câncer. Talvez em sua velhice você oferecerá palavras de sabedoria que salvarão as vidas de seus netos. Talvez, quando finalmente receber notícias de que tem uma doença terminal, enfrentará a morte com tamanho heroísmo e bom humor que as pessoas à sua volta lembrarão de sua fé e serão fortalecidas por sua coragem até que elas próprias venham a morrer.

A questão principal aqui é: não importa se a sua vida será transfigurada por coisas "grandes" ou "pequenas". Aos olhos de Deus, todas as transfigurações são grandiosas. A sua família e os seus amigos podem até não perceber de início que lhe ocorreu uma mudança. E você pode jamais ficar famoso segundo os padrões do mundo. Mas Deus, que vê tudo que você faz — até coisas que estão ocultas para todos os outros —, reconhecerá que começou a trilhar a estrada para a grandeza que se estenderá por toda a eternidade.

Você pode considerar o presente que receberá em troca como um pequeno antepasto para o banquete do paraíso. Começará a experimentar a felicidade do paraíso neste momento — a despeito de qual seja sua situação. Claro que isto não significa que verá seus amigos e parentes falecidos imediatamente, mas terá uma grande certeza de que eles estão vivos e esperando por você no outro lado. E embora seja virtualmente certo que ainda terá de enfrentar mais sofrimento e morte nos anos vindouros, também receberá níveis sobrenaturais de força e coragem para suportar *qualquer coisa*. E embora você não vá ver Deus face a face nesta vida, a sua fé Nele crescerá aos saltos, até ter mais certeza da existência de Deus do que tem na sua própria. Sua fé será indestrutível — esteja você à sombra da cruz ou sob a luz brilhante da Transfiguração.

Mais importante, você obterá um sentimento profundo de paz interior — o tipo de paz que deriva da certeza de que sua vida tem significado e propósito; da certeza de que nasceu para viver para sempre — o tipo de paz que só pode vir do paraíso.

É irônico que as pessoas hoje passem milhares de horas em academias de ginástica ou em *spas* tentando transformar seus corpos. Querem desesperadamente entrar em forma, parecer atraentes, sentir-se bem consigo mesmas. Elas sabem como é importante comer direito e permanecer saudável e assim prevenir que problemas físicos sérios ocorram futuramente. E, ainda assim, o mesmo não pode ser dito sobre a forma como cuidam de suas almas. Pouquíssimos de nós tentam melhorar seus espíritos.

A pergunta mais importante que você precisa fazer a si mesmo ao contemplar as maravilhas do paraíso é esta: Por quê?

Por que esperar até receber a notícia de uma doença terminal para transformar sua vida? Por que é necessário um evento traumático e assustador para que finalmente mude sua vida? E por que esperar até que esteja morto para experimentar as alegrias do paraíso — quando muitas delas estão disponíveis a você neste segundo?

Por que não transfigurar sua vida agora?

CAPÍTULO 12

Sua passagem para o paraíso

Agora que chegamos ao fim deste livrinho, há mais uma questão para responder: Onde nos registramos? Como podemos adquirir nossa passagem para o paraíso?

Afinal de contas, quanto você precisa pagar por uma passagem para um lugar como este — um lugar onde viverá para sempre com sua família e amigos, sem sofrer, como um super-ser num supermundo? O que deve fazer para entrar nessa comunidade?

Por exemplo, você enfrentaria com coragem uma doença terrível? Seria agradável com aquela pessoa no trabalho que você não suporta? Perdoaria aquele parente que o ofendeu há tantos anos? Colocaria os interesses do seu cônjuge acima dos seus? Iria à igreja uma vez por semana?

Que tal aceitar a morte do seu pai, da sua mãe, ou irmã, ou até do seu filho, com fé? Você manteria o bom humor durante um período de desemprego? Enfrentaria problemas financeiros deprimentes sem perder a esperança nem ficar mais amargo? Seria capaz de enfrentar sua própria velhice e morte com bravura e até alegria?

Não sei quanto a você, mas à medida que aprendi mais a respeito do paraíso, minha disposição para suportar mais sofrimentos nesta vida também aumentou. Lembro de momentos em que reclamava de cada infortúnio em meu caminho. Mas à medida que me tornei mais compromissado com minha fé e comecei a entender o que Deus estava planejando me dar, minha atitude mudou. Minha crença no "eterno" me ajudou a aceitar muitos dos sacrifícios e provações do "efêmero".

Porque quando tentamos ver as coisas através das lentes da eternidade, os problemas e dores de nossas vidas presentes não parecem tão grandes. Não estou depreciando o sofrimento, de forma alguma. Estou apenas dizendo que, a despeito do quanto seja intenso o sofrimento, ele não se compara à felicidade que nos aguarda.[1] Se Deus está disposto a nos dar *tudo isso*, o que não podemos ao menos tentar suportar, em nome de Deus?

É natural que as pessoas questionem Deus, que duvidem Dele — ou até que se enfureçam contra Ele — depois de sofrerem uma perda. Mas o que sempre precisamos lembrar é que Deus está principalmente preocupado com uma coisa: se iremos ou não para o paraíso. Diante dessa questão importante, todo o resto não significa nada. Se você morre aos dez anos de idade num acidente de carro, mas vai para o paraíso, então teve uma vida bem-sucedida. Se morre pacificamente no sono aos noventa anos, rico e poderoso aos olhos do mundo, mas vai para o inferno, então a sua vida foi uma tragédia. Cristo perguntou: "Onde está o lucro de ganhar o mundo inteiro mas perder sua alma?"[2] Nem sempre vemos a verdade nisto, mas Deus vê. Quando vamos a um funeral, ou vemos alguém na rua que seja aleijado ou mentalmente retardado, nos torturamos fazendo todos os tipos de questões sobre o quanto a vida dessa pessoa poderia ter sido diferente, ou por que Deus foi tão "injusto". Mas raramente fazemos a pergunta que realmente conta: Essa pessoa vai para o paraíso? Essa é a única coisa com que Deus se importa. Essas são as lentes através das quais Ele vê nossas vidas.

Agora deixe-me fazer outra pergunta. Digamos que vamos viajar para o Havaí e, no dia da viagem, você vai até o aeroporto, pára diante do balcão de passagens e descobre que alguém já lhe comprou a passagem! Aliás, não apenas a passagem de avião já está em seu nome, como também o pacote inteiro é seu de graça: traslados, hotéis, passeios de helicóptero, excursões, tudo! Você só precisa seguir a sinalização até o seu portão e embarcar no avião. O quanto você fica surpreso e feliz?

Bem, é exatamente isso que Deus fez por nós. Ele já comprou nossas passagens para o paraíso.

Esse é todo o significado da crucificação. Antes de Cristo morrer na cruz e se levantar dos mortos, ninguém tinha *permissão* para entrar no paraíso. Desde que nossos primeiros pais desobedeceram a Deus, causando sua expulsão do Jardim do Éden, os seres humanos tiveram negado o acesso ao paraíso. O próprio Deus precisou tornar-se humano e agir em obediência perfeita à vontade do Pai para compensar o pecado de Adão e Eva e reabrir as portas do paraíso. Quando Cristo ressuscitou no domingo de Páscoa, todas as almas dos falecidos fiéis que viveram na antiguidade finalmente receberam permissão para entrar no paraíso com ele.[3]

Nós também temos permissão para entrar. É por causa disso que a Páscoa é uma festa tão alegre. É a celebração da reabertura do paraíso. Tudo que precisamos fazer é *seguir a sinalização até o portão*.

Mas como, exatamente, devemos fazer isso?

Infelizmente, este é apenas um guia turístico para o paraíso, e não é nosso propósito discutir todos os "preceitos do bom cristão". Gostaria que tivéssemos mais tempo para conversar sobre os Dez Mandamentos, a regra de ouro, o sermão do "não julgues para não seres julgado", o poder da fé para mover montanhas, a necessidade de "sempre rezar", a necessidade de "carregar tua cruz", a força de dizer "não minha vontade, mas a tua" e o comando de "amar o próximo como a ti mesmo". Milhares de outros livros escreveram belissimamente sobre esses preceitos para se viver uma vida santa, começando com a própria Bíblia. Não é minha intenção aqui "resumir" os preceitos básicos nem condensar numa lista curta o que realmente precisa ser estudado no decorrer de uma vida.

Mas gostaria de dizer uma coisa muito importante sobre ir para o paraíso, e tem relação com algo tão básico que freqüentemente é ignorado pelas pessoas que se consideram fiéis a Deus.

Dissemos neste livro que a melhor parte do paraíso será conhecer Deus — que nosso relacionamento com nosso criador e salvador será o aspecto mais gratificante de nossa vida no paraíso. Num sentido real, o paraíso pode ser definido como "união com Deus", porque essa união dará a todos nós as alegrias que este livro tentou descrever.

Bem, se nosso objetivo como seres humanos é chegar ao paraíso, então não é óbvio qual deve ser o objetivo de nossas vidas aqui na Terra?

Nossa passagem para o paraíso é a mesma coisa que esperamos experimentar no próprio paraíso: *a união com Deus*. Isso não apenas é a passagem para o céu como, conforme insinuamos no último capítulo, também é a passagem para a felicidade e a realização aqui mesmo.

Outra forma de dizer tudo isto é que se você quer ir para o paraíso, deve fazer de Deus o *soberano da sua vida*. Deus — não alguma "força" espiritual vaga, a "mãe natureza", a Terra, alguma nova teoria social, poder, fama, TV ou sexo. *Deus*. O Deus pessoal do Antigo e do Novo Testamento. O Deus que pede nossas orações, adoração e *obediência*. O Deus de quem tanto falamos nestas páginas.

A coisa mais importante para rejeitar é a noção de que *você* é a sua passagem para o paraíso. Como diz o ditado, existem duas lições importantes para aprender na vida: Deus *existe* e *eu* não sou Ele. Infelizmente, um número cada vez maior de pessoas está esquecendo isto. Ao nos estabelecermos como árbitros de moralidade, nós, enquanto uma sociedade, retornarmos ao Jardim do Éden, decidindo o que é certo e o que é errado, e fingindo ser Deus.

A chave para *tudo* é que Deus deve ser o soberano da sua vida. Convidá-Lo para o seu coração, e depois deixá-Lo infundir cada área da sua vida, é o seu passaporte para a alegria, tanto na Terra quanto no paraíso.

Diferentes igrejas podem ter diferentes formas de articular esta verdade. Um protestante pode descrever a união com Deus como uma aceitação de Jesus Cristo como seu salvador pessoal e renascer. Um católico pode instigá-lo a fazer da eucaristia — o sacramento do corpo e do sangue do Senhor — o centro da sua vida. Mas sob qualquer ângulo que se olhe para esta verdade (e não estou tentando menosprezar as diferenças entre as tradições de fé), a crença unificadora de todos os cristãos é que Deus deve ser o senhor da sua vida.[4] Depois que isso acontece, todo o resto se encaixa.

A boa notícia é que nunca é tarde demais para adquirir a sua passagem para o paraíso. Você pode até consegui-la no último segundo — um pouco antes de embarcar no avião. Quando Cristo estava pregado na cruz, um dos homens crucificados ao lado dele disse: "Jesus, lembra-te de mim quando chegar ao teu reino." Essa simples declaração de fé levou Jesus a dizer: "Ainda hoje, estarás comigo no paraíso." Nesse momento, um homem que tinha sido um pecador por toda a vida se tornou um santo. Deus conferiu-lhe o presente do paraíso, instantaneamente, e só porque ele pediu por esse presente com fé.[5]

Não importa quantos anos você tenha ou o quanto se comportou mal durante toda sua vida. Todos os prazeres do paraíso ainda lhe estão acessíveis. Isso demonstra quão grande é a misericórdia do Senhor.

Mas será que isto não é apenas uma fantasia derivada do desejo? *Será que todo este livro não é apenas uma fantasia derivada do desejo?* Antes de terminarmos, quero lhe dizer uma palavra sobre esta pergunta — porque não acredito que exista um argumento mais ridículo sob o sol do que aquele que diz que

Guia de Viagem: Paraíso

o paraíso é meramente uma fantasia da imaginação humana, tendo por base o nosso desejo. Dizer que a religião — particularmente o cristianismo — é uma fantasia derivada do desejo é uma ofensa ao bom senso e à lógica.

É desejo de alguém acreditar no inferno, no diabo e em demônios? É desejo de alguém acreditar que seremos julgados e que teremos de prestar contas de cada pecado que cometemos? É desejo de alguém acreditar que a melhor forma de viver nossa vida é sacrificando nossas vontades pelo bem do próximo? É desejo de alguém acreditar que devemos disciplinar nossos impulsos corporais em benefício de algum "reino" invisível?

E já que estamos falando nisso, é desejo de alguém acreditar que Deus quer que *amemos nossos inimigos*? Ora, que tipo de exigência é essa?

Meu argumento é que se os seres humanos fossem inventar uma religião tendo por base fantasias derivadas de seus desejos, poderiam ter criado alguma coisa bem "melhor" do que o cristianismo. Por que tornamos as coisas tão difíceis para nós mesmos? Por que não desejamos uma religião que tivesse um paraíso, mas que ao mesmo tempo permitisse sexo promíscuo, encorajasse a gula, derrubasse os mandamentos e proibisse aos seus seguidores de até mesmo mencionar a noção de julgamento e punição?

Isso não teria feito muito mais sentido?

E, mesmo assim, existe esta noção de que o paraíso é "conversa pra boi dormir" e que só acreditamos nele porque tememos a morte e queremos rever nossos parentes mortos. Incrível!

A verdade é que o paraíso não é uma fantasia derivada do desejo. Se o paraíso faz ou não faz com que nos sintamos bem é irrelevante. Se não é *verdade*, então não quero acreditar nele. Se não existe, não quero desperdiçar meu tempo com ele. O motivo pelo qual nós *podemos* ficar muito entusiasmados com ele é precisamente porque *não* é uma fábula. O cristianismo como religião organizada é exigente, desafiador, provocativo, sublime, ocasionalmente frustrante, e sempre intelectualmente estimulante. Você pode amá-lo ou odiá-lo, acreditar que é a melhor coisa desde o pão de fôrma fatiado ou o "ópio das massas". Mas uma coisa que não pode fazer é reduzi-lo a mera fantasia derivada do desejo.

As pessoas que insistem em que o paraíso é apenas uma coisa que os seres humanos inventaram para aliviar a dor não entendem muito sobre o processo de luto. Nenhuma crença — por mais maravilhosa que seja — pode consolá-lo se você perdeu alguém a quem amou. Se você já teve uma perda *real* sabe o que estou dizendo. Ninguém pode dizer ou fazer nada para ajudá-lo. Ninguém pode entender como você se sente. Mesmo se estiver devastado pela morte de alguém, você precisa trabalhar, lutar, dormir. E viver durante o pesadelo. Mais cedo ou mais tarde — e isso pode levar anos — a dor terrível em seu coração começará a diminuir, e finalmente será domada. Então voltará a apreciar a vida, mas certamente ainda sofrerá muitos reveses e ataques de agonia ao longo do caminho.

É isso o que o luto pela morte de alguém provoca, e temo que nada — nem mesmo o paraíso — possa impedi-lo de seguir seu curso natural. Sabe por que podemos ter certeza disso? Porque o próprio Jesus Cristo teve um período de luto.

Lembra da história da ressurreição de Lázaro?[6] É uma das mais poderosas na Bíblia. Jesus estava pregando em algum lugar na Palestina quando lhe disseram que seu amigo Lázaro estava morrendo. Quando Jesus finalmente chegou à cena, Lázaro já estava morto e enterrado, e todos choravam. As irmãs de Lázaro, Marta e Maria, estavam particularmente abaladas. Voz embargada em lágrimas, Marta disse a Jesus: "Senhor, se estivesses aqui, meu irmão não teria morrido." Jesus confortou-a dizendo: "Teu irmão há de ressurgir." Naturalmente, Marta não compreendeu o que Jesus queria dizer. Assim, simplesmente disse: "Sim, sei que ele há de ressurgir na ressurreição, no último dia."

Jesus respondeu: *Eu sou a ressurreição e a vida. Quem crê em mim, ainda que morra, viverá. E todo aquele que vive e crê em mim não morrerá, eternamente.*

Jesus foi conduzido até o túmulo. Olhando em torno, Jesus viu os familiares de Lázaro chorando sua morte. O Evangelho Segundo João diz que Jesus "agitou-se no espírito e comoveu-se". Em seguida, lemos a frase mais curta em toda a Bíblia:

"Jesus chorou."

Qualquer um que não ache adequado que as pessoas sofram por muito tempo sobre a morte de um ente querido deveria reler isso. *Jesus chorou*. Aqui temos o próprio Deus chorando a morte de alguém. O mesmo Deus que criou o mundo, criou os seres humanos, criou o paraíso; que sabe que o paraíso existe, não devido à "fé", mas devido a conhecimento e experiência pessoal, o mesmo Deus que *sabe* que está prestes a ressuscitar Lázaro, e que sua família atormentada será feliz mais uma vez.

E mesmo assim Ele chorou. Como é possível?

O motivo é que, a despeito de seu conhecimento do paraíso, Jesus ficou transtornado por todos estarem tão tristes.

Ele ficou atormentado em ver que alguém a quem amara tivera de morrer e ser confinado num túmulo. Jesus chorou porque era um funeral, e é isso que as pessoas fazem nos funerais.

No relato do Evangelho, Jesus ressuscita Lázaro. Todos os presentes ficam assustados e maravilhados quando o morto sai da tumba, usando suas vestes fúnebres, o rosto ainda coberto por uma mortalha. Mas, para mim, a parte mais extraordinária desta história sempre foi a lição que ela nos ensina sobre a atitude de Deus para com os sofredores. Deus nos permite sofrer e nos permite chorar, assim como permitiu ao Seu próprio filho que sofresse e chorasse por Lázaro. Assim como mais tarde ele lhe permitiu sofrer e morrer na cruz. Embora Jesus *saiba* que irá nos ressuscitar, e embora saiba que irá nos dar o presente extraordinário do paraíso, Ele *odeia* quando sofremos, e de alguma forma especial, sofre junto conosco.

Uma coisa muito óbvia é que o ensinamento cristão sobre o paraíso não foi inventado para nos ajudar a suportar a morte e o luto. Desde o começo da religião, os cristãos sabem que, por maior que seja a fé de um indivíduo no paraíso, nada irá impedi-lo de chorar ao perder alguém que ama.

Acreditamos no paraíso porque ele é verdadeiro, não porque queremos que ele seja verdadeiro. Porque ele existe, não porque torcemos para que exista.

Mas, isso não impedirá que sejamos criticados por nossas crenças. Não irá impedi-los de dizer que estamos "desperdiçando nosso tempo" pensando no paraíso, e que estamos nos desiludindo por não aceitar a "realidade" do nada.

Mas podem protestar o quanto quiserem. Nada disso importa. A verdade é que o paraíso é realmente um paraíso, exatamente como aprendemos desde que éramos pequenos. Jamais veremos qualquer coisa que se compare a ele; e todos os bons momentos que experimentamos na vida empalidecem diante dele. "Porque desde a Antiguidade não se escutou com ouvidos, nem se viu com olhos, o que Deus preparou para aqueles que O amam."[7]

O paraíso é uma região de prazeres, uma terra de contos de fadas, uma reserva natural, uma "cidade, reluzindo numa colina", uma grande reunião de família, e férias que nunca terminam, tudo junto. É a aventura definitiva para viajantes de todas as idades e uma região de felicidade suprema para toda a raça humana. E a grande notícia é que depois que terminarmos nossas vidas *aqui*, poderemos ir para *lá*... se assim quisermos. Como podemos ter tanta certeza?

Porque há dois mil anos, naquela primeira manhã de Páscoa, quando ainda estava escuro, silencioso e todos dormiam, Cristo ressuscitou.

Paraíso ↓

Arrivederci!

Bem, conseguimos! Viajamos até o paraíso e voltamos.

E isso é apenas o começo. Deixei tanta coisa de fora! Sabe, ao estudar matérias como biologia, história, línguas estrangeiras ou psicologia, você alcança um certo nível de conhecimento e obtém o título de "mestre". Mas com a teologia é o contrário. Você jamais se torna mestre nesse assunto, porque o assunto se torna o seu mestre. Se este livro foi bem-sucedido, ele *não* respondeu a todas as suas perguntas. Para cada pergunta que abordamos, espero que mais dez tenham aparecido em sua cabeça. Meu maior desejo é que use este livro como uma catapulta para outros e melhores livros sobre Deus e o paraíso.

Meu foco aqui foi propositalmente estreito. Evitei falar sobre muitas coisas que realmente pertencem a um livro sobre o paraíso. Por exemplo, mal toquei no assunto do inferno, que é uma parte tão importante do ensinamento bíblico quanto o paraíso... e que, a propósito, é também um lugar físico.[1]

Não mencionei nenhuma das *surpresas* que encontraremos na vida após a morte. Cada grande viagem tem suas surpresas. Afinal, se as coisas forem o tempo todo exatamente como planejamos, viajar pode não ser muito divertido. O mesmo vale para a nossa viagem ao paraíso. Neste momento vivemos num mundo tridimensional. Não podemos imaginar como será um mundo quadridimensional ou pentadimensional. Portanto, qualquer descrição do paraíso que fizermos está destinada a errar o alvo, porque o alvo ainda está fincado na Terra.

Infelizmente, não há como evitar isso. Embora eu acredite que este livro pinte um retrato mais completo e realista que muitas outras obras que se concentram exclusivamente nos aspectos espirituais do paraíso, também sei que ele é apenas uma débil tentativa de capturar uma coisa indescritível — a imaginação transcendente de Deus. Permita-me dizer muito claramente que quando chegarmos ao paraíso, ficaremos surpresos e assombrados por muitos prazeres que nenhum de nós jamais poderia prever. As alegrias do paraíso superarão nossos sonhos mais delirantes.

Sempre que visito um país e deixo de ver certos pontos turísticos importantes, digo à minha esposa: "Isto apenas significa que precisamos voltar." O mesmo vale para esses assuntos importantes que ou deixamos de fora ou falhamos em enfatizar neste livro. Teremos de revisitá-los em outra oportunidade. Eu não queria me estender muito nestas páginas porque é crucial que entendamos um ponto fundamental. O paraíso será o lugar mais feliz da criação. Todos os sofrimentos que experimentamos agora, por mais intensos que possam ser, serão completamente anulados pela alegria que nos aguarda. É importante que ao menos tenhamos alguma idéia de *como* isso poderá ser — e esse foi o simples propósito deste livro.

Se não acredita em mim, ou acha que exagerei sobre as maravilhas do paraíso, vou lhe dizer o que podemos fazer. Em vez de discutirmos, vamos esperar para ver com nossos próprios olhos se tudo que descrevi é verdade ou não. Por que não combinamos nos reunir — digamos, daqui a um milhão de anos — para conversar sobre o assunto? Não estou brincando. Vamos todos nos encontrar num daqueles lugares grandes e abertos do paraíso — como a praça de São Marcos em Veneza — e conversar profundamente sobre o assunto. Poderemos comparar opiniões, rir a respeito das dúvidas tolas que nutrimos em nossas vidas antigas, e depois comer um belo espaguete e beber um delicioso *chianti*.

Estamos combinados?

Notas das escrituras

Como jamais tive a intenção de escrever um texto acadêmico "pesado", não incluí uma lista abrangente de notas de rodapé teológicas. Em vez disso, ofereço a seguir algumas referências bíblicas principais para sustentar alguns dos argumentos mais importantes deste livro.

Plano de vôo

1. 1 Cr 16:3; Sl 96:11; Is 44:23; Mt 13:44; Lc 10:20; 15:7; Hb 12:22; Ap 12:12, 18:20
2. Ap 7:16-17, 21:4
3. Jo 14:2-3; 2 Co 5:1; Dt 26:16; 1 Rs 8:30, 39, 43, 49; 2 Cr 6:21, 30, 33, 39
4. Ap 4, 5, 7
5. 2 Co 5:1; Sl 16:11; Lc 16:9; Jo 3:15-16, 36, 5:24; 6:40, 10:28, 17:3

Capítulo 1

1. Gn 1:1-31, 2:1-25
2. Jo 14:2-3

3. Ap 21:1-27
4. Dt 26:15; 1 Rs 8:30, 39, 43, 49; 2 Cr 6:21, 30, 33, 39, 30:27
5. 1 Co 15:20-23, 42-57; 2 Co 5:1-10; 1 Ts 4:13-18
6. 2 Pe 3:8
7. Hb 12:1

Capítulo 2

1. Fp 3:21
2. Lc 16:23-30
3. Mt 6:25, 30
4. Lc 24:13-51; Jo 20:15-22, 24-29, 21:15-22; At 1:1-9; Mt 28:9, 10, 18
5. Fp 3:21
6. Mt 26:41; Mc 14-38
7. 1 Jo 3:2, 3
8. Ap 7:16, 17

Capítulo 3

1. Is 65:17, 66:22; 2 Pe 3:13, Ap 3:12, 21: 1, 2
2. 1 Co 15:20, 23
3. Is 64:4 (cf.1 Co 2:9)
4. Rm 8:18-23
5. Ap 21:1-27

Capítulo 4

1. Gn 2:18
2. Gn 1:27
3. Dt 6:4; Mt 28:19; 2 Co 13:13
4. Mt 9:18-26; Mc 5:21-42; Lc 8:40-56
5. 1 Ts 4:13-18; 1 Co 15:35-57

6. Gn 1:1; Hb 9:27, 12:23, 13:4; Rm 2:16; 2 Tm 4:1, 8; Tg 4:12; 1 Pe 4:5; 1 Co 15:50-55
7. 1 Co 15:12-19, 32
8. Mt 22:2, 25:1; Lc 14:15

Capítulo 5

1. Mt 22:30; Mc 12:25; Lc 20:35
2. Gn 2:18-25; Mt 19:3-7; Mc 10:2-10
3. Ef 5:21-32
4. Lc 22:19
5. Gn 1:28
6. Jo 13:23, 19:26, 20:2, 21:7, 20
7. Mt 16:18

Capítulo 6

1. Sl 36:6
2. Gn 6; Jn 1:17; Lc 2:8; Mt 21:1; Jo 12:12
3. Mt 3:16; Mc 1:10; Lc 3:22; Jo 1:29, 32, 36
4. Is 11:6-8; 65:25
5. Mt 18:2-4; Mc 10:13-16

Capítulo 7

1. Hb 12:22; Ap 5:11
2. Ap 12:7
3. Jd 9; Ap 12:7; Lc 1:19, 26; Tb 3:17
4. 1 Cr 21:1; Tb 1:6, 2:7; Mt 4:10, 16:23; Lc 22:3, 2 Co 11:14; Ap 12:9, 20:2
5. Gn 3:24, 22:11; Mt 2:13; Mc 1:13; Lc 1:13, 26-38, 22:43; Ap 8, 9, 15, 16
6. Mt 18:10

7. Hb 1:14
8. Lc 15:10
9. Cl 2:18

Capítulo 8

1. Jo 14:27
2. Gn 1:1-28
3. Mc 6:23; At 18:3; 2 Ts 11-13
4. Jo 5:17

Capítulo 9

1. 1 Co 15:54-57
2. Ap 21:4; Hb 9:27

Capítulo 10

1. Ex 3:14; Mc 14:62; Jo 8:58, 14-6
2. Jo 1:1-18
3. Jo 21:4-15
4. Jo 16:23
5. Rm 8:28
6. 1 Co 13:12, 13
7. Ap 5:8, 8:3, 4

Capítulo 11

1. Ef 2:10
2. Jo 10:10
3. Mt 3:2, 4:17, 10:7; Lc 21:31
4. Mt 17:2; Mc 9:2; Lc 9:29

Capítulo 12

1. 2 Co 4:14-18
2. Mc 8:36
3. 1 Co 15:20-23; Fp 2:8; Rm 5:18-20
4. Rm 10:9
5. Lc 23:43
6. Jo 11:1-56
7. Is 64:4; 1 Co 2:9

Arrivederci!

1. Mt 5:22, 29, 30, 10:28, 18:9, 23:15, 33; Mc 9:43, 45, 47; Lc 12:5, 16:23; Tg 3:6; 2 Pe 2:4

Sugestões de livros para sua bagagem

Alguns livros para você ler, apreciar e estudar durante sua jornada para o paraíso.

Bíblias

Holy Bible: New Living Translation. Wheaton, Ill.: Tyndale Publications, 1998.

The Holy Bible: Revised Standard Edition. Catholic Edition. Camden, N. J.: Thomas Nelson & Sons, 1966.

The Holy Bible: Ring James Version. Ilustrada por Barry Moser. Nova York: Viking Press, 1999.

Outras obras

Anderson, Debby. *Let's Talk About Heaven.* Elgin, Ill.: Chariot Books, 1991.

Aquino, Tomás de. *Summa Theologica,* 5 volumes. Westminster, Md.: Christian Classics, 1981.

Agostinho. *The City of God.* Tradução de Marcus Dods. Nova York: Modern Library, 2000.

Badham, Paul. *Christian Beliefs About Life After Death*. Nova York: Barnes & Noble Books, 1976.

Blamires, Harry. *Knowing the Truth About Heaven and Hell*. Ann Arbor, Mich.: Servant Books, 1988.

Bondi, Hermann. *Relativity and Common Sense: A New Approach to Einstein*. Nova York: Dover Publications, 1964.

Bounds, E. M. *Inside Heaven's Gates*. New Kensington, Pa.: Whitaker House, 1985.

Briggs, Constance Victoria. *The Encyclopedia of Angels*. Nova York: Plume, 1997.

Buddemeyer-Porter, Mary. *Will I See Fido in Heaven? Scripturally Reavelling God's Eternal Plan for His Lesser Creatures*. Saint Louis, Mo.: Eden Publications, 1995.

Bullock, Karen O. *The Writings of Justin Martyr*. Nashville, Tenn.: Broadman & Holman, 1998.

Clowes-Johnson, Janet. *Tell Me About Heaven... I Think I'm Forgetting*. Nashville, Tenn.: Ideal Children's Books, 1998.

Craig, William Lane. "God, Time, and Eternity." *Religious Studies* 14 (1979): 497-503.

Dravecky, Dave, Jan Dravecky e Amanda Sorenson. *Glimpses of Heaven, Reflections on Your Eternal Hope*. Grand Rapids, Mich.: Zondervan Publishing House, 1998.

Graham, Billy. *Angels: Ringing Assurance That We Are Not Alone*. Dallas, Tex: Word Publishing, 1995.

Harris, Murray J. *From Grave to Glory: Ressurrection in the New Testament*. Grand Rapids. Mich.: Zondervan Publishing House, 1990.

Hawking, Stephen. *Uma breve história do tempo*. Rio de Janeiro: Rocco, 2000.

Hopfe, Lewis M. *Religions of the World*. 5a. edição. Nova York: Macmillan, 1991.

Hunt, David. *Whatever Happened to Heaven?* Eugene, Ore.: Harvest House, 1998.

James, John W. e Russel Friedman. *The Grief Recovery Handbook: The Action Program for Moving Beyond Death, Divorce and Other Losses.* Edição revisada. Nova York: Harper Perennial, 1998.

Keathley, J. Hampton III. *Angelology: The Doctrine of Angels.* Dallas, Tex.: Biblical Studies Press, 1998.

Kelsey, Morton. *What Is Heaven Like? The Kingdom As Seen in the Beatitudes.* Nova York: New York City Press, 1997.

Kreeft, Peter. *Heaven.* San Francisco: Ignatius Press, 1989.

———. *Everything You Ever Wanted to Know About Heaven But Never Dreamed of Asking.* San Francisco: Ignatius Press, 1990.

———. *Angels and Demons.* San Francisco: Ignatius Press, 1995.

Kurz, Gary. *Cold Noses at the Pearly Gates.* Kearney, Neb.: Morris Publications, 1997.

Lewis, C. S. *The Discarded Image.* Cambridge: University Press, 1964.

———. *The Great Divorce.* Nova York. Macmillan, 1946.

———. *The Problem of Pain.* Nova York: Macmillan, 1962.

———. *Weight of Glory.* Grand Rapids: Eerdmans, 1949.

Lockyer, Herbert. *All the Angels in the Bible.* Peabody, Mass.: Hendrickson, 1996.

Lucas, Daryl J. et al. *104 perguntas que as crianças fazem sobre o céu e os anjos.* Campinas: United Press, 2002.

Moody, Raymond A., Jr. *Life After Life.* Nova York: Bantam Books, 1977.

O'Connor, James T. *Land of the Living.* Nova York: Catholic Book Publishing, 1992.

Rahner, Karl. *Foundations of Christian Faith.* Nova York: Seabury Press, 1978.

Ratzinger, Joseph. *Eschatology: Death and Eternal Life.* Washington, D.C.: Catholic University of America, 1988.

Russell, Jeffrey Burton. *A History of Heaven: The Singing Silence*. Nova Jersey: Princeton University Press, 1997.

Sklar, Lawrence. *Space, Time and Spacetime*. Berkeley: University of California Press, 1974.

Tada, Joni Eareckson. *Heaven Your Real Home*. Grand Rapids, Mich.: Zondervan Publishing House, 1995.

Van Scott, Miriam. *Encyclopedia of Heaven*. Nova York: St Martin's Press, Thomas Dunne Books, 1998.

Agradecimentos

Sempre que um jato decola ou um navio zarpa, você pode ter certeza de que uma quantidade extraordinária de trabalho foi empregada para fazer da partida um sucesso. O mesmo pode ser dito de *Guia de viagem: Paraíso*.

Minha mãe e meu pai — Laura e Sal DeStefano — foram quem mais contribuíram para a minha vida e para a criação desta obra. Algumas de minhas lembranças mais antigas da infância são de minha mãe falando sobre Deus para mim e de meu pai defendendo vigorosamente a Fé ao conversar com familiares, amigos e estranhos. Meu pai, em particular, me apresentou a um mundo de arte e cultura que expandiu meus horizontes de formas que não posso começar a mensurar. Sem essas influências, jamais poderia ter escrito este livro.

Sempre fui privilegiado com professores maravilhosos. Três que merecem menção especial são minha professora de jardim de infância, srta. Crupi, que despertou em mim um amor pela escola e pelo aprendizado que continua até hoje, Frank McCourt, autor de *Angela's Ashes*, que me ensinou muito sobre a arte de escrever enquanto eu estava na Stuyvesant

High School, e o dr. Peter Redpath, que me deu uma base sólida em filosofia grega, Santo Tomás de Aquino e pensamento crítico em geral, quando eu era aluno da St. John.

A idéia inicial para este livro me ocorreu muitos anos atrás, depois de ouvir uma homilia edificante sobre o paraíso proferida pelo padre Frank Pavone, diretor nacional da Priests for Life. Seria impossível superestimar o que aprendi com o padre Frank sobre evangelização, ecumenismo, teologia e o Evangelho de Jesus Cristo. Ele é um grande homem.

Um dos grupos de pessoas mais importantes que contribuíram para este projeto foi meu círculo interno de leitores de confiança. Minha esposa, Kimberly, foi a primeira pessoa a ver cada um dos capítulos à medida que eram escritos, e ela proporcionou conselhos valiosos para mim tanto sobre conteúdo quanto estilo. Além de ser uma professora brilhante, ela também é uma revisora nata. Minha irmã Elisa, e meus irmãos Carmine, Salvatore e Vito, também leram o original à medida que era escrito, e me forneceram opiniões muito úteis.

Lou Aronica, ex-editor da editora Avon e atualmente presidente da The Fiction Studio, foi o primeiro profissional a fazer uma análise editorial deste livro. Seus conselho se revelou muito útil para a produção do tratamento final. Minhas assistentes pessoais, Tracy Corallo e Jordan Horn, também desempenharam papel crucial no desenvolvimento do manuscrito. Não sei o que faria sem essas duas damas maravilhosas.

Talvez o aspecto mais desafiador de escrever este livro tenha sido tentar torná-lo o mais aceitável possível para *todas* as igrejas cristãs. Para conseguir isso, contei com muita ajuda de vários acadêmicos e líderes de igreja que leram o manuscrito final e apontaram muitas passagens e frases que deveriam ser revisadas, acrescentadas ou cortadas. Entre esses acadêmicos estavam o dr. Michael Crow, professor-adjunto do Fuller Theological Seminary, o dr. Dick Eastman, presidente internacional da Every Home for Christ e presidente do National Prayer Commitee, monsenhor Anthony Frontiero, ex-adido do arcebispo Renato Martino, o delegado do Vaticano para a ONU, monsenhor George P. Graham (que, juntamente com o bispo William Murphy da diocese do Rockville Centre, agiu como avalizador para o livro), Jeannie Mikkelson, ex-membro da Bethany House Publishing, o reverendo Eric Rapaglia, o reverendo Robert Schenck da Evangelical Church Alliance e presidente do National Clergy Council, Dra. Pia de Solenni do Family Research Council, e por último, meu bom amigo, reverendo Peter M. J. Stravinskas.

Considero-me abençoado por ter trabalhado com a melhor equipe editorial do mundo. Os amigos dedicados da Doubleday, especialmente Alexandra Beatty Morris, Judie Jacoby, John Pitts, Jackie Everly, John Fontana, Michael Palgon, Sheila Klee, Marc Winter e Frances O'Connor, foram maravilhosos. O presidente da Doubleday, Steve Rubin, prestou um apoio maravilhoso desde o princípio, e minha editora, Michelle Rapkin, foi uma dádiva de Deus. Seus conselhos sábios, práticos e sempre objetivos contribuíram imensamente para o livro. Tenho muita sorte em trabalhar com ela.

Meu agente, Peter Miller, da PMA Literary and Film Management, provavelmente é a pessoa mais responsável por me ajudar a publicar este livro. De todos os agentes em Nova York para quem enviei o original, foi o *único* a achar que ele prometia o bastante para merecer seu apoio. Estou muito grato a ele por seu entusiasmo, confiança e lealdade inabaláveis.

Contudo, meus agradecimentos mais sinceros vão para meu melhor amigo e colega, Jerry Horn. Jerry, uma potência viva de mídia e marketing, pesquisou o mundo editorial, obteve endossos, lidou com mil detalhes logísticos, e fez milagres por demanda durante o processo inteiro. Sem ele, *Guia de viagem: Paraíso* jamais teria visto a luz do dia.

Finalmente, quero estender minha gratidão mais profunda às centenas de familiares, amigos e conhecidos que durante muitos meses rezaram fervorosamente pelo sucesso deste livro.

Mais uma vez, muito obrigado a todos vocês por fazer desta a melhor viagem da minha vida!

Sobre o autor

ANTHONY DESTEFANO recebeu muitos prêmios respeitados de comunidades religiosas do mundo inteiro. Em 2002, recebeu um doutorado honorário da Joint Academic Comission of the National Clergy Council and the Methodist Episcopal Church por sua "contribuição para as crenças cristãs na cultura moderna". Em 2003, foi sagrado Cavaleiro da Ordem Militar Soberana de Malta. Mais recentemente, obteve a medalha "Defensor de Israel" pelo Jerusalem Center for Peace Studies. DeStefano atualmente dirige uma organização católica em Nova York sem fins lucrativos. Ele é membro efetivo do National Religious Brodcasters Organization (EUA), do Royal Institute of Philosophy, em Londres, e do prestigioso International Institute for Strategic Studies, ambos na Inglaterra. Piloto ávido, viaja freqüentemente para fins de negócios e diversão. Mora em Long Island com sua esposa, Kimberly. Este é seu livro de estréia.

Este livro foi composto na tipologia Lapidary 333 BT,
em corpo 12/16, e impresso em papel
Chamois Bulk Dunas 70g/m² no Sistema Cameron
da Divisão Gráfica da Distribuidora Record.

Seja um Leitor Preferencial Record
e receba informações sobre nossos lançamentos.
Escreva para
**RP Record
Caixa Postal 23.052
Rio de Janeiro, RJ – CEP 20922-970**
dando seu nome e endereço
e tenha acesso a nossas ofertas especiais.

Válido somente no Brasil.

Ou visite a nossa *home page*:
http://www.record.com.br